BELLA STAR IST ALS HUMANOIDE HEDONISTIN IN DEN SCHUMMRIGEN ECKEN DES ALLS BEKANNT. GEMEINSAM MIT IHREM PILOTEN GROK GONDELT SIE DURCH DIE GALAXIS, BEGLEITET VON DEM ERDLING DR. SÖNKE PENNER, WELCHER DIE UNANGENEHME EIGENSCHAFT HAT, SICH GELEGENTLICH IN EIN UNKONTROLLIERBARES MONSTER NAMENS DER GEIFERNDE GRAPSCH ZU VERWANDELN ...

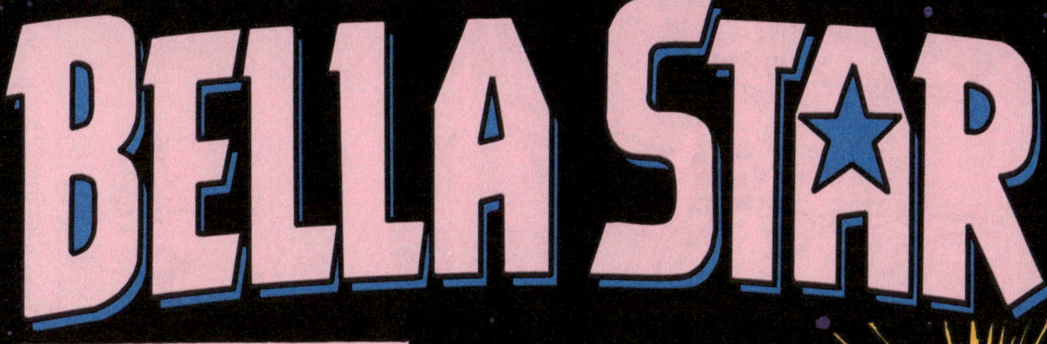

BELLA UND IHRE CREW SIND DER ZOMBIEAPOKALYPSE AUF DEM URLAUBSPLANETEN ENTKOMMEN - NICHT OHNE SICH DEN FREUDEN DES "BALLERMANNS IM ALL" AUSGIEBIG HINGEGEBEN ZU HABEN.

HIER SPRICHT DIE RAUMPOLIZEI! DIES IST EINE FLUGKONTROLLE!

EINEN KURZEN WIE ZIELLOSEN RAUMSPRUNG WEITER BEGEGNEN WIR BELLAS RAUMFAHRZEUG WIEDER ...

... SEITE AN SEITE MIT EINEM POLIZEIKREUZER DER ÄUSSEREN SEKTOREN ...

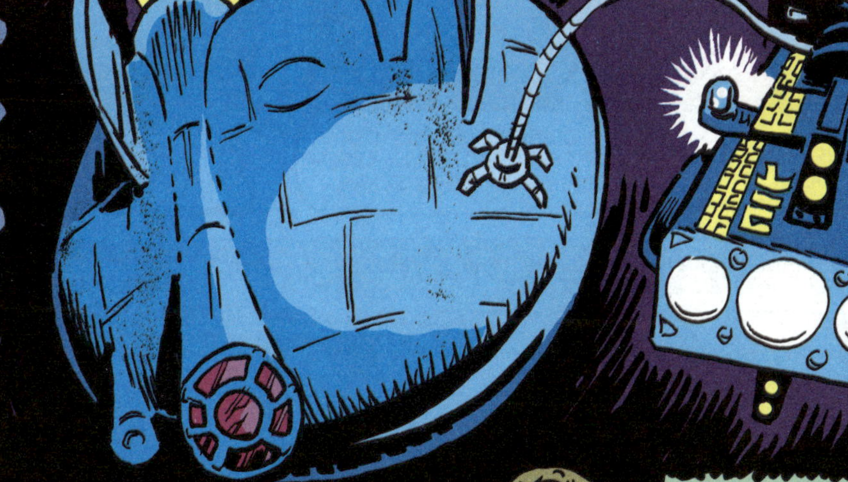

ÖFFNEN SIE SOFORT IHRE SCHLEUSE! WIR KOMMEN AN BORD.

IN KÜRZE WERDEN UNSERE FREUNDE ES KENNENLERNEN ...

DAS GESETZ DES SEKTORS 27B

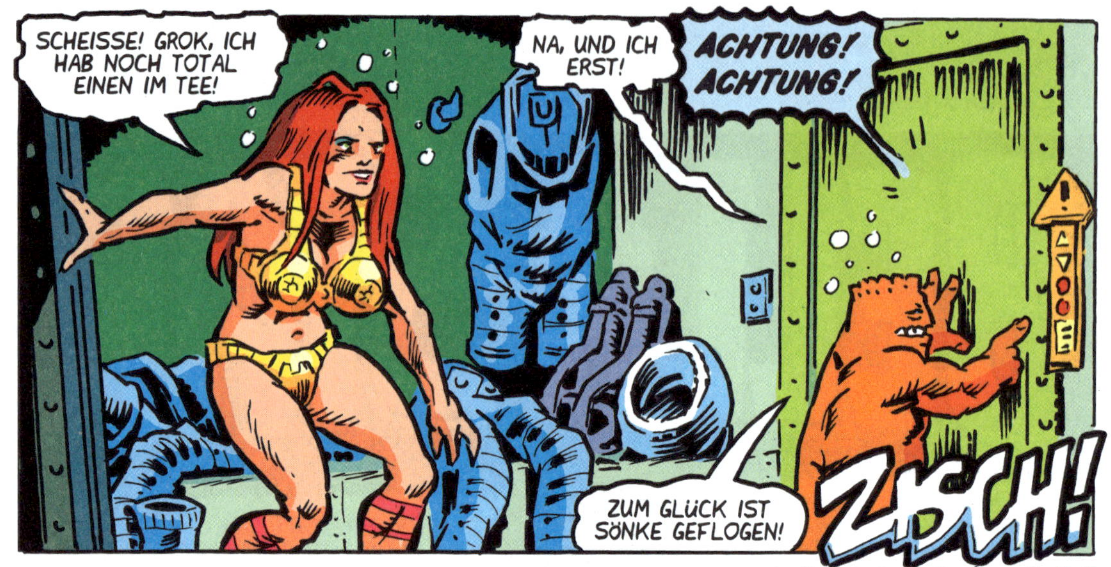
SCHEISSE! GROK, ICH HAB NOCH TOTAL EINEN IM TEE!
NA, UND ICH ERST!
ACHTUNG! ACHTUNG!
ZUM GLÜCK IST SÖNKE GEFLOGEN!
ZISCH!

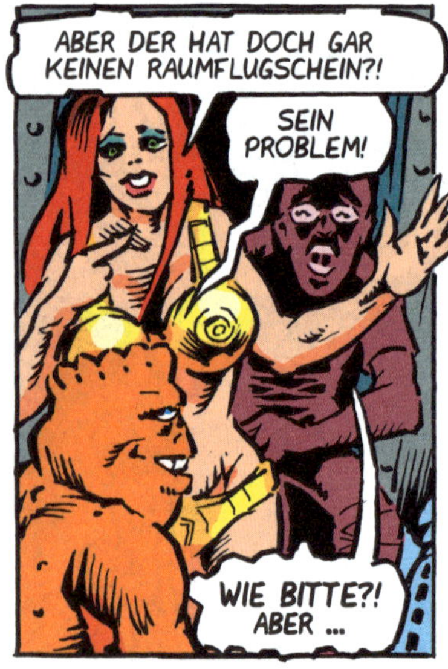
ABER DER HAT DOCH GAR KEINEN RAUMFLUGSCHEIN?!
SEIN PROBLEM!
WIE BITTE?! ABER ...

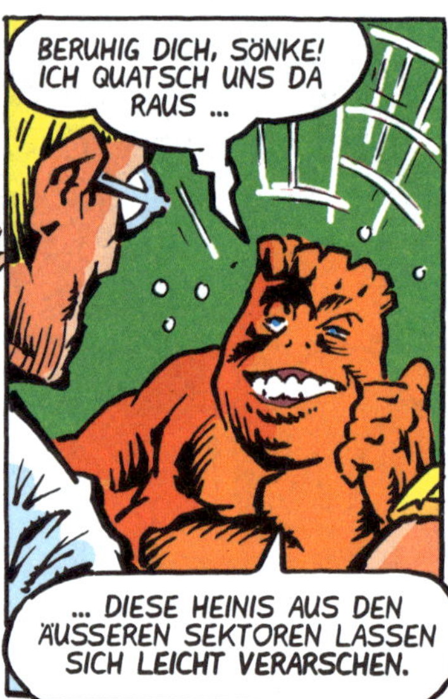
BERUHIG DICH, SÖNKE! ICH QUATSCH UNS DA RAUS ...
... DIESE HEINIS AUS DEN ÄUSSEREN SEKTOREN LASSEN SICH LEICHT VERARSCHEN.

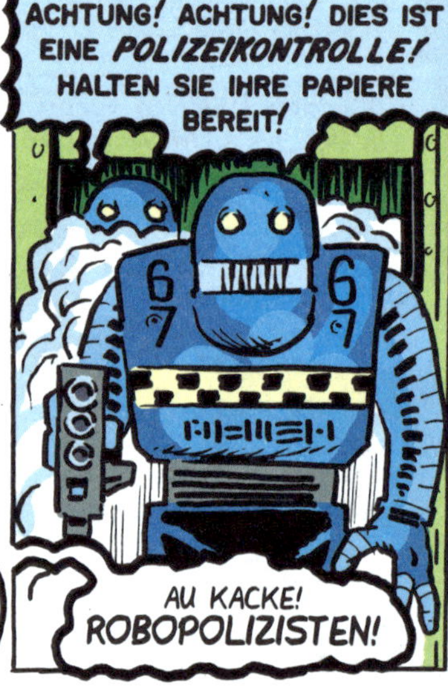
ACHTUNG! ACHTUNG! DIES IST EINE POLIZEIKONTROLLE! HALTEN SIE IHRE PAPIERE BEREIT!
AU KACKE! ROBOPOLIZISTEN!

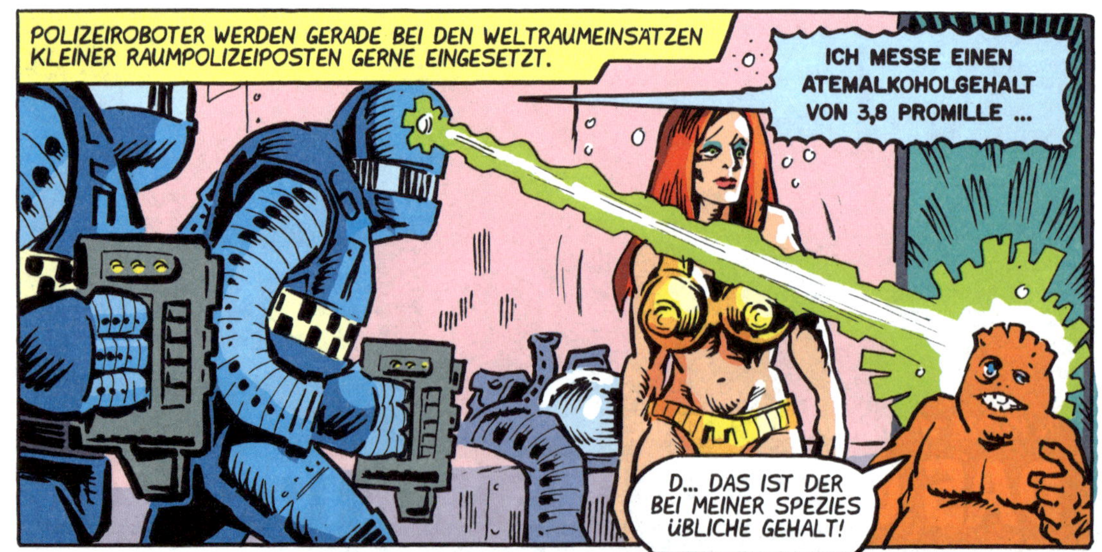
POLIZEIROBOTER WERDEN GERADE BEI DEN WELTRAUMEINSÄTZEN KLEINER RAUMPOLIZEIPOSTEN GERNE EINGESETZT.
ICH MESSE EINEN ATEMALKOHOLGEHALT VON 3,8 PROMILLE ...
D... DAS IST DER BEI MEINER SPEZIES ÜBLICHE GEHALT!

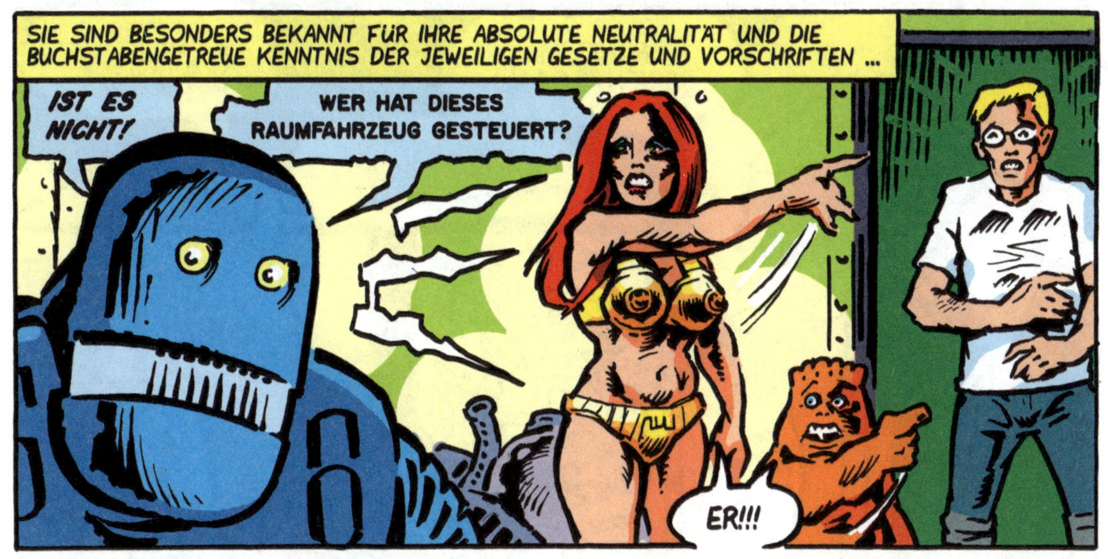
SIE SIND BESONDERS BEKANNT FÜR IHRE ABSOLUTE NEUTRALITÄT UND DIE BUCHSTABENGETREUE KENNTNIS DER JEWEILIGEN GESETZE UND VORSCHRIFTEN ...
IST ES NICHT!
WER HAT DIESES RAUMFAHRZEUG GESTEUERT?
ER!!!

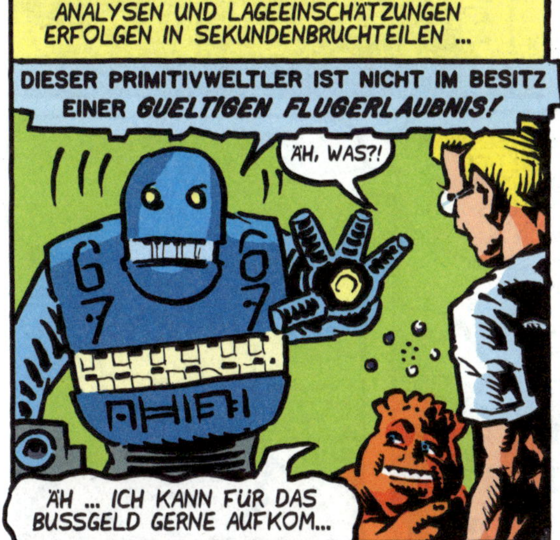
ANALYSEN UND LAGEEINSCHÄTZUNGEN ERFOLGEN IN SEKUNDENBRUCHTEILEN ...
DIESER PRIMITIVWELTLER IST NICHT IM BESITZ EINER GUELTIGEN FLUGERLAUBNIS!
ÄH, WAS?!
ÄH ... ICH KANN FÜR DAS BUSSGELD GERNE AUFKOM...

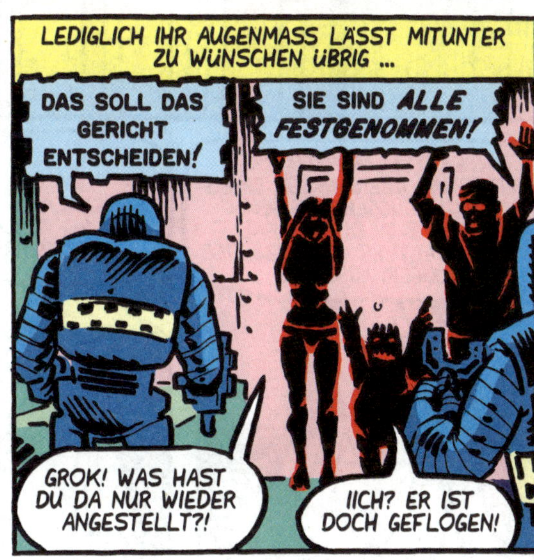
LEDIGLICH IHR AUGENMASS LÄSST MITUNTER ZU WÜNSCHEN ÜBRIG ...
DAS SOLL DAS GERICHT ENTSCHEIDEN!
SIE SIND ALLE FESTGENOMMEN!
GROK! WAS HAST DU DA NUR WIEDER ANGESTELLT?!
IICH? ER IST DOCH GEFLOGEN!

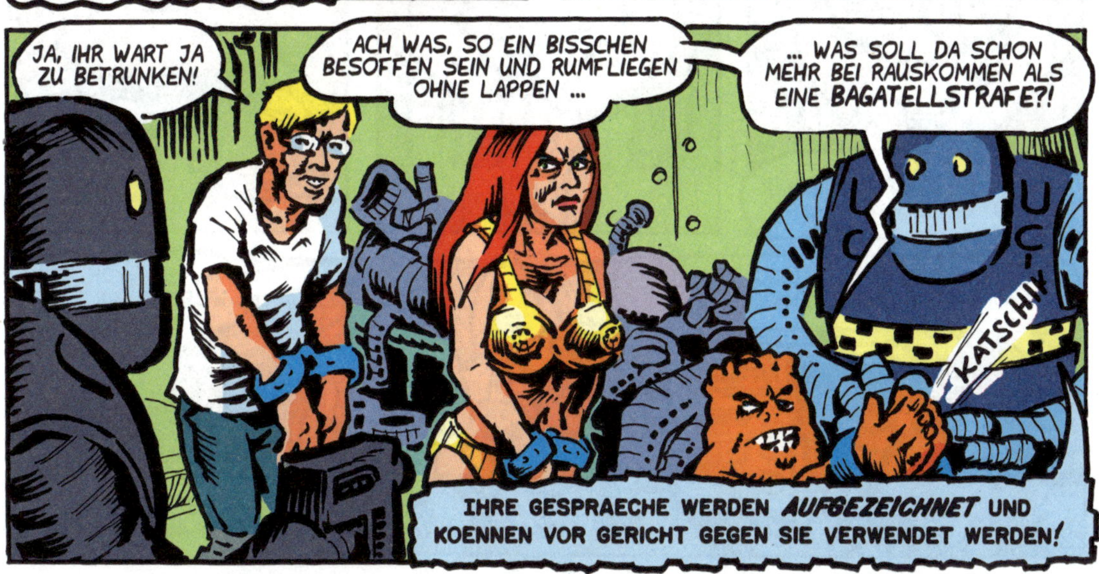
JA, IHR WART JA ZU BETRUNKEN!
ACH WAS, SO EIN BISSCHEN BESOFFEN SEIN UND RUMFLIEGEN OHNE LAPPEN ...
... WAS SOLL DA SCHON MEHR BEI RAUSKOMMEN ALS EINE BAGATELLSTRAFE?!
KATSCH!
IHRE GESPRAECHE WERDEN AUFGEZEICHNET UND KOENNEN VOR GERICHT GEGEN SIE VERWENDET WERDEN!

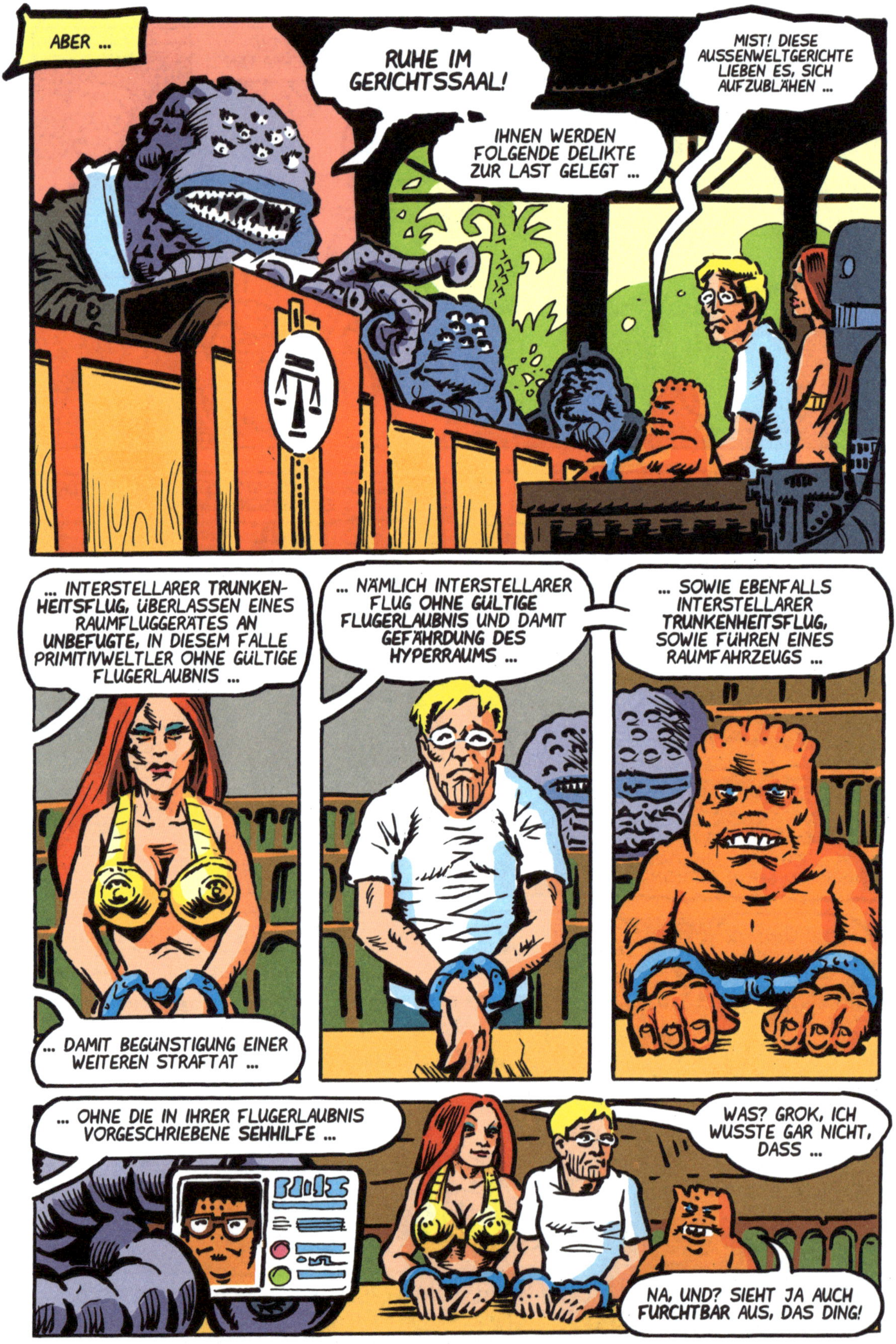

ABER ...

RUHE IM GERICHTSSAAL!

IHNEN WERDEN FOLGENDE DELIKTE ZUR LAST GELEGT ...

MIST! DIESE AUSSENWELTGERICHTE LIEBEN ES, SICH AUFZUBLÄHEN ...

... INTERSTELLARER TRUNKENHEITSFLUG, ÜBERLASSEN EINES RAUMFLUGGERÄTES AN UNBEFUGTE, IN DIESEM FALLE PRIMITIVWELTLER OHNE GÜLTIGE FLUGERLAUBNIS ...

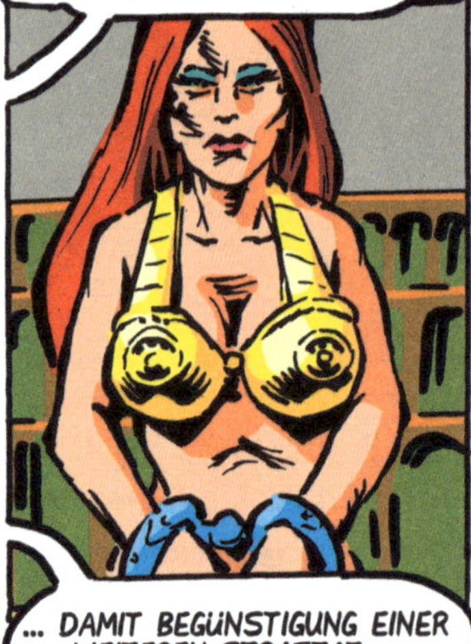

... DAMIT BEGÜNSTIGUNG EINER WEITEREN STRAFTAT ...

... NÄMLICH INTERSTELLARER FLUG OHNE GÜLTIGE FLUGERLAUBNIS UND DAMIT GEFÄHRDUNG DES HYPERRAUMS ...

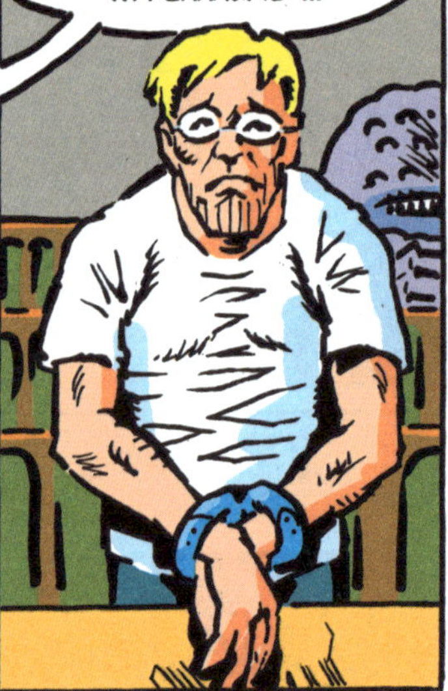

... SOWIE EBENFALLS INTERSTELLARER TRUNKENHEITSFLUG, SOWIE FÜHREN EINES RAUMFAHRZEUGS ...

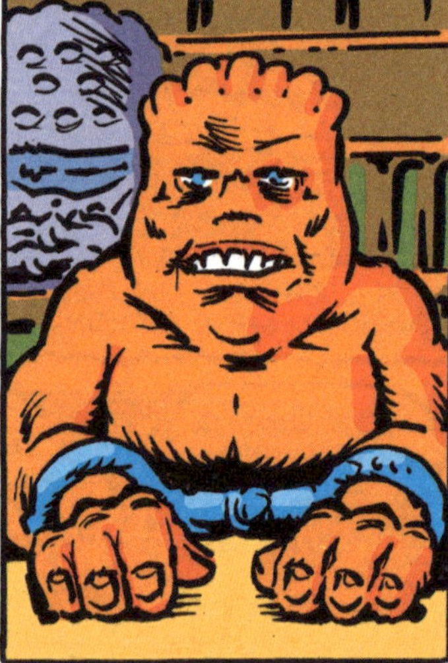

... OHNE DIE IN IHRER FLUGERLAUBNIS VORGESCHRIEBENE SEHHILFE ...

WAS? GROK, ICH WUSSTE GAR NICHT, DASS ...

NA, UND? SIEHT JA AUCH FURCHTBAR AUS, DAS DING!

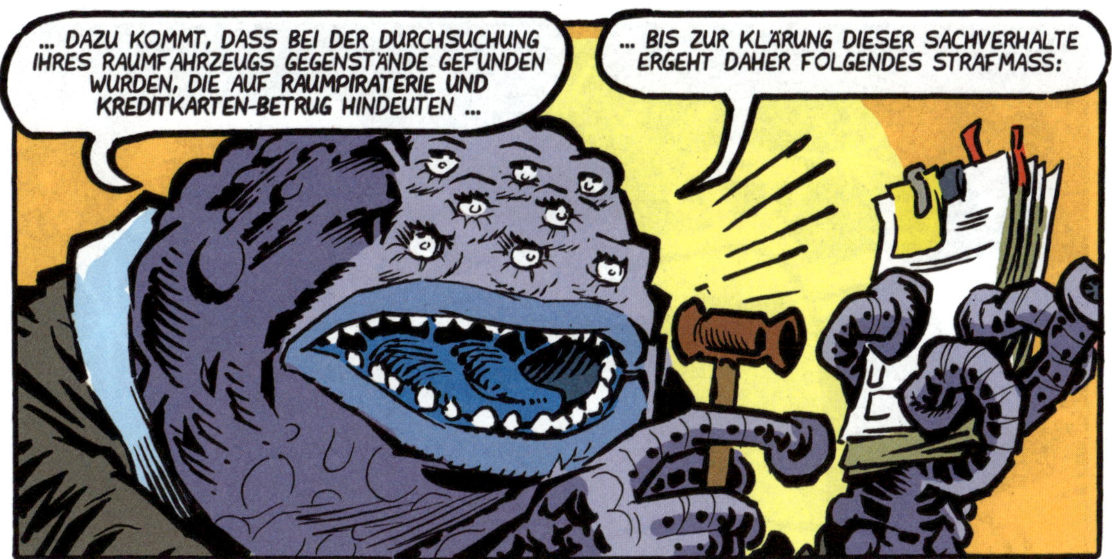
... DAZU KOMMT, DASS BEI DER DURCHSUCHUNG IHRES RAUMFAHRZEUGS GEGENSTÄNDE GEFUNDEN WURDEN, DIE AUF RAUMPIRATERIE UND KREDITKARTEN-BETRUG HINDEUTEN ...
... BIS ZUR KLÄRUNG DIESER SACHVERHALTE ERGEHT DAHER FOLGENDES STRAFMASS:

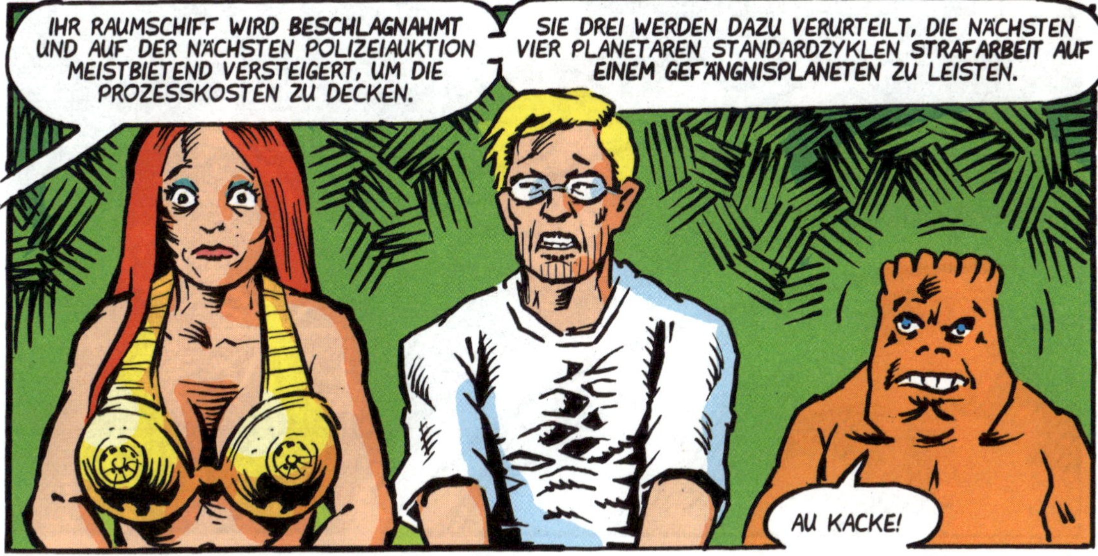
IHR RAUMSCHIFF WIRD BESCHLAGNAHMT UND AUF DER NÄCHSTEN POLIZEIAUKTION MEISTBIETEND VERSTEIGERT, UM DIE PROZESSKOSTEN ZU DECKEN.
SIE DREI WERDEN DAZU VERURTEILT, DIE NÄCHSTEN VIER PLANETAREN STANDARDZYKLEN STRAFARBEIT AUF EINEM GEFÄNGNISPLANETEN ZU LEISTEN.
AU KACKE!

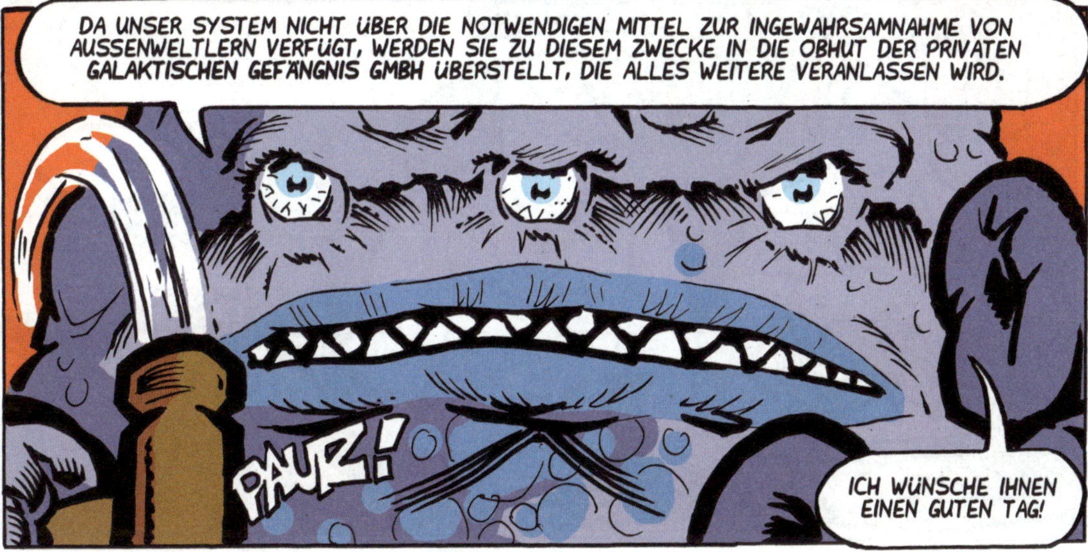
DA UNSER SYSTEM NICHT ÜBER DIE NOTWENDIGEN MITTEL ZUR INGEWAHRSAMNAHME VON AUSSENWELTLERN VERFÜGT, WERDEN SIE ZU DIESEM ZWECKE IN DIE OBHUT DER PRIVATEN GALAKTISCHEN GEFÄNGNIS GMBH ÜBERSTELLT, DIE ALLES WEITERE VERANLASSEN WIRD.
PAUZ!
ICH WÜNSCHE IHNEN EINEN GUTEN TAG!

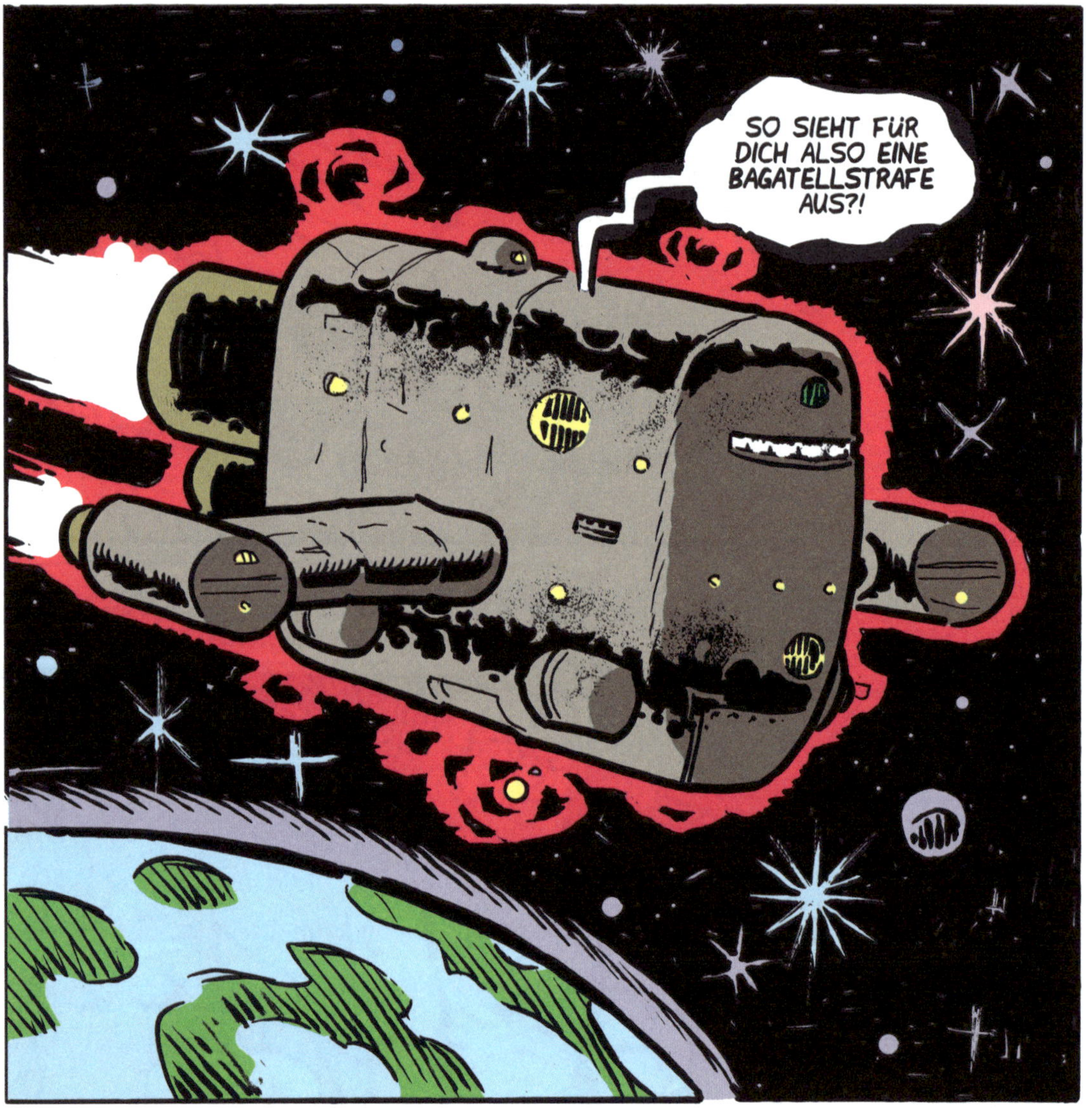

SO SIEHT FÜR DICH ALSO EINE BAGATELLSTRAFE AUS?!

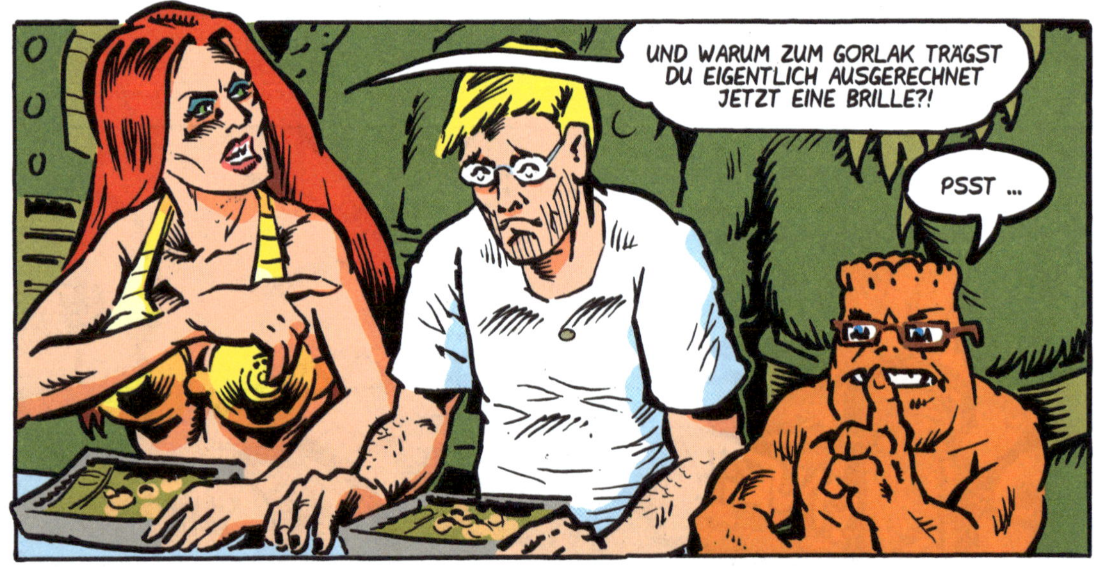
UND WARUM ZUM GORLAK TRÄGST DU EIGENTLICH AUSGERECHNET JETZT EINE BRILLE?!
PSST ...

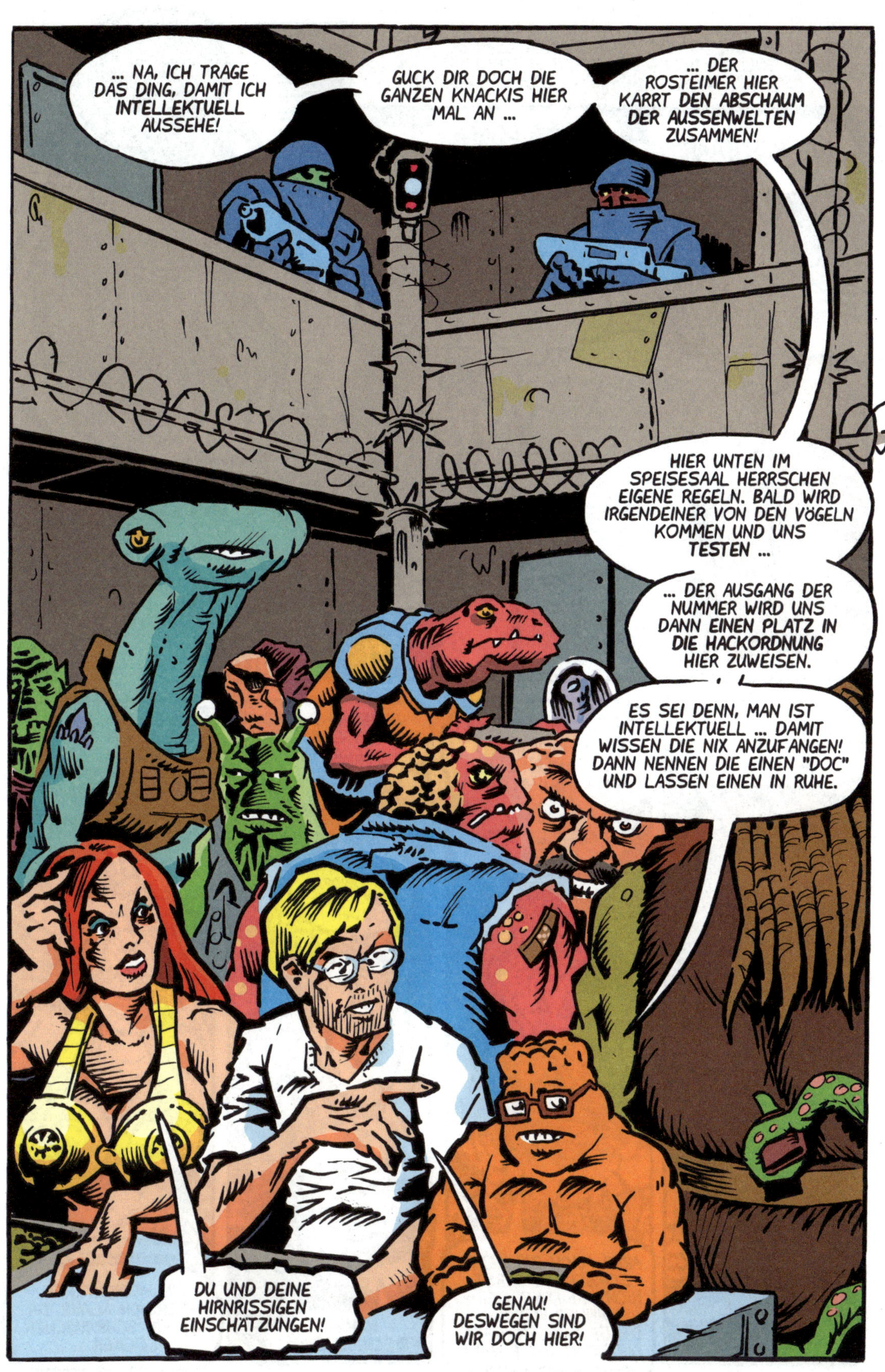
... NA, ICH TRAGE DAS DING, DAMIT ICH INTELLEKTUELL AUSSEHE!
GUCK DIR DOCH DIE GANZEN KNACKIS HIER MAL AN ...
... DER ROSTEIMER HIER KARRT DEN ABSCHAUM DER AUSSENWELTEN ZUSAMMEN!
HIER UNTEN IM SPEISESAAL HERRSCHEN EIGENE REGELN. BALD WIRD IRGENDEINER VON DEN VÖGELN KOMMEN UND UNS TESTEN ...
... DER AUSGANG DER NUMMER WIRD UNS DANN EINEN PLATZ IN DIE HACKORDNUNG HIER ZUWEISEN.
ES SEI DENN, MAN IST INTELLEKTUELL ... DAMIT WISSEN DIE NIX ANZUFANGEN! DANN NENNEN DIE EINEN "DOC" UND LASSEN EINEN IN RUHE.
DU UND DEINE HIRNRISSIGEN EINSCHÄTZUNGEN!
GENAU! DESWEGEN SIND WIR DOCH HIER!

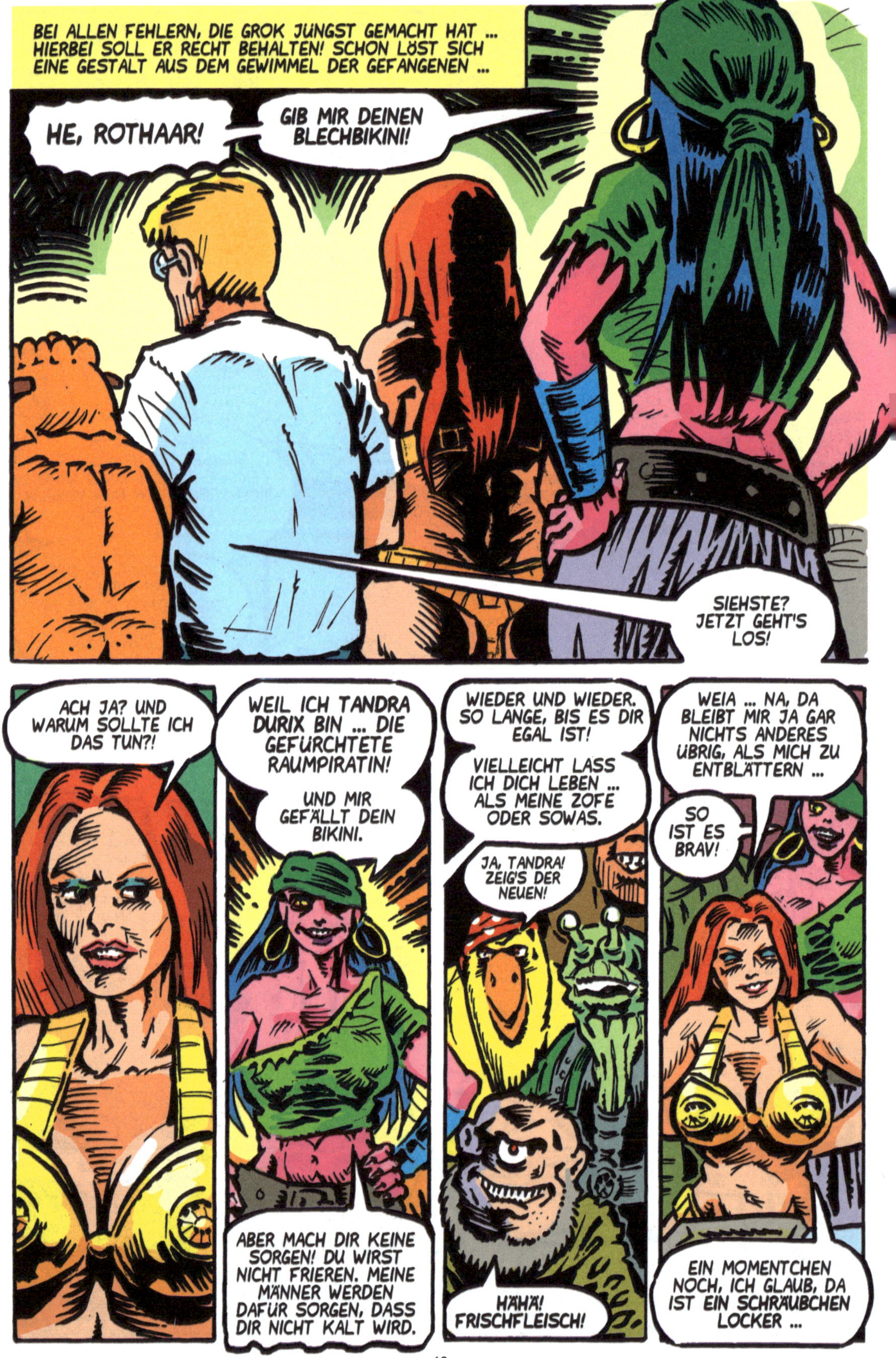

BEI ALLEN FEHLERN, DIE GROK JÜNGST GEMACHT HAT ... HIERBEI SOLL ER RECHT BEHALTEN! SCHON LÖST SICH EINE GESTALT AUS DEM GEWIMMEL DER GEFANGENEN ...
HE, ROTHAAR!
GIB MIR DEINEN BLECHBIKINI!
SIEHSTE? JETZT GEHT'S LOS!
ACH JA? UND WARUM SOLLTE ICH DAS TUN?!
WEIL ICH TANDRA DURIX BIN ... DIE GEFÜRCHTETE RAUMPIRATIN!
UND MIR GEFÄLLT DEIN BIKINI.
ABER MACH DIR KEINE SORGEN! DU WIRST NICHT FRIEREN. MEINE MÄNNER WERDEN DAFÜR SORGEN, DASS DIR NICHT KALT WIRD.
WIEDER UND WIEDER. SO LANGE, BIS ES DIR EGAL IST!
VIELLEICHT LASS ICH DICH LEBEN ... ALS MEINE ZOFE ODER SOWAS.
JA, TANDRA! ZEIG'S DER NEUEN!
HÄHÄ! FRISCHFLEISCH!
WEIA ... NA, DA BLEIBT MIR JA GAR NICHTS ANDERES ÜBRIG, ALS MICH ZU ENTBLÄTTERN ...
SO IST ES BRAV!
EIN MOMENTCHEN NOCH, ICH GLAUB, DA IST EIN SCHRÄUBCHEN LOCKER ...

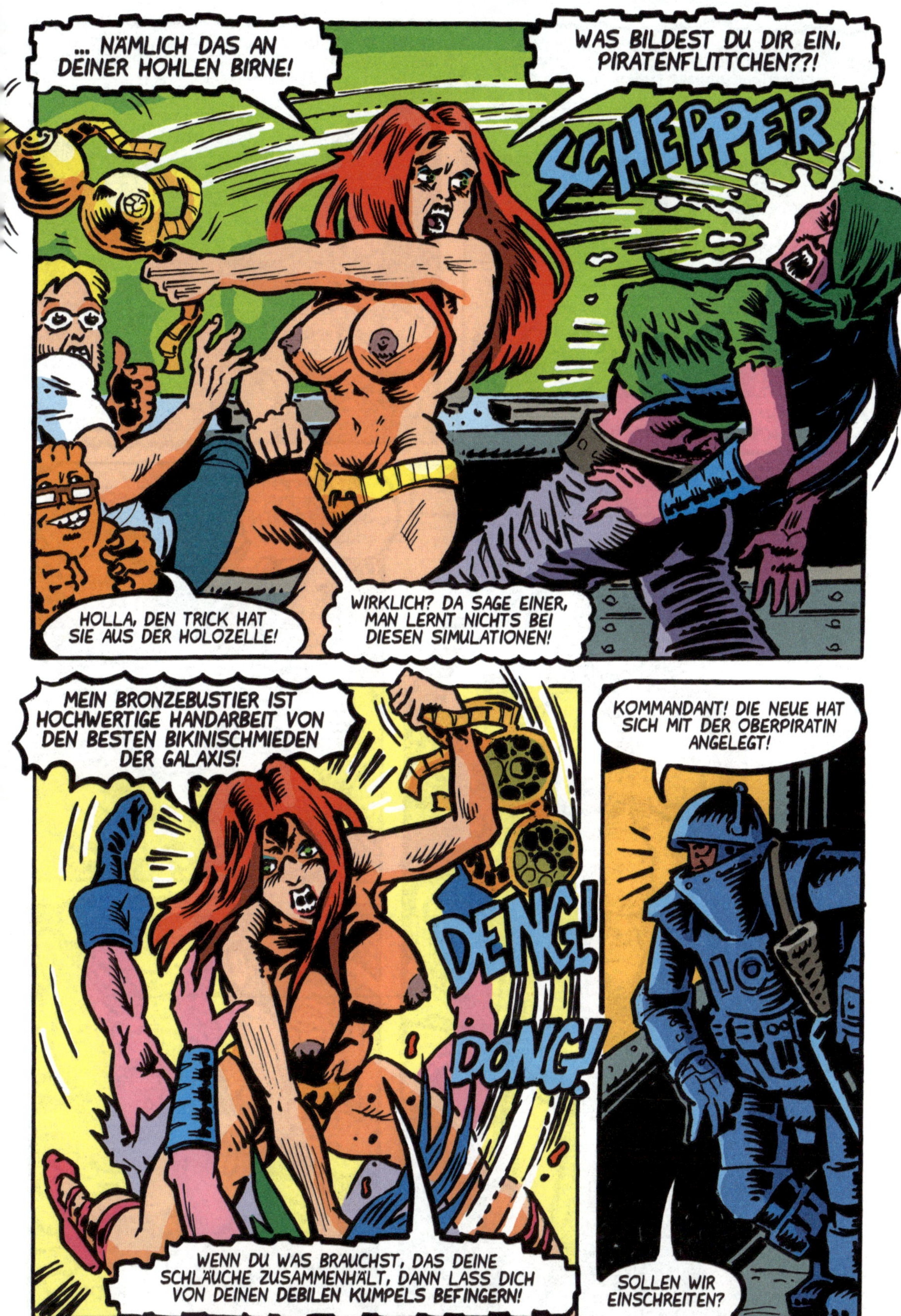
... NÄMLICH DAS AN DEINER HOHLEN BIRNE!
WAS BILDEST DU DIR EIN, PIRATENFLITTCHEN??!
SCHEPPER
HOLLA, DEN TRICK HAT SIE AUS DER HOLOZELLE!
WIRKLICH? DA SAGE EINER, MAN LERNT NICHTS BEI DIESEN SIMULATIONEN!
MEIN BRONZEBUSTIER IST HOCHWERTIGE HANDARBEIT VON DEN BESTEN BIKINISCHMIEDEN DER GALAXIS!
DENG!
DONG!
WENN DU WAS BRAUCHST, DAS DEINE SCHLÄUCHE ZUSAMMENHÄLT, DANN LASS DICH VON DEINEN DEBILEN KUMPELS BEFINGERN!
KOMMANDANT! DIE NEUE HAT SICH MIT DER OBERPIRATIN ANGELEGT!
SOLLEN WIR EINSCHREITEN?

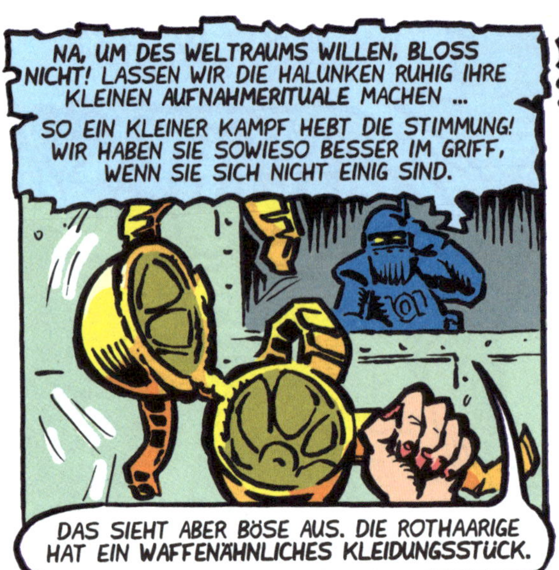
NA, UM DES WELTRAUMS WILLEN, BLOSS NICHT! LASSEN WIR DIE HALUNKEN RUHIG IHRE KLEINEN AUFNAHMERITUALE MACHEN ...
SO EIN KLEINER KAMPF HEBT DIE STIMMUNG! WIR HABEN SIE SOWIESO BESSER IM GRIFF, WENN SIE SICH NICHT EINIG SIND.
DAS SIEHT ABER BÖSE AUS. DIE ROTHAARIGE HAT EIN WAFFENÄHNLICHES KLEIDUNGSSTÜCK.

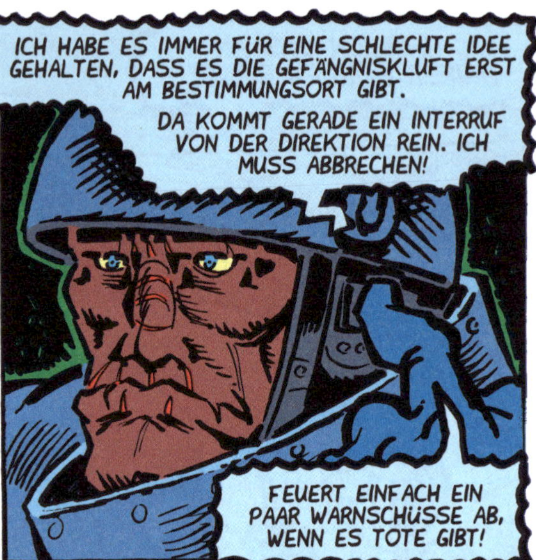
ICH HABE ES IMMER FÜR EINE SCHLECHTE IDEE GEHALTEN, DASS ES DIE GEFÄNGNISKLUFT ERST AM BESTIMMUNGSORT GIBT.
DA KOMMT GERADE EIN INTERRUF VON DER DIREKTION REIN. ICH MUSS ABBRECHEN!
FEUERT EINFACH EIN PAAR WARNSCHÜSSE AB, WENN ES TOTE GIBT!

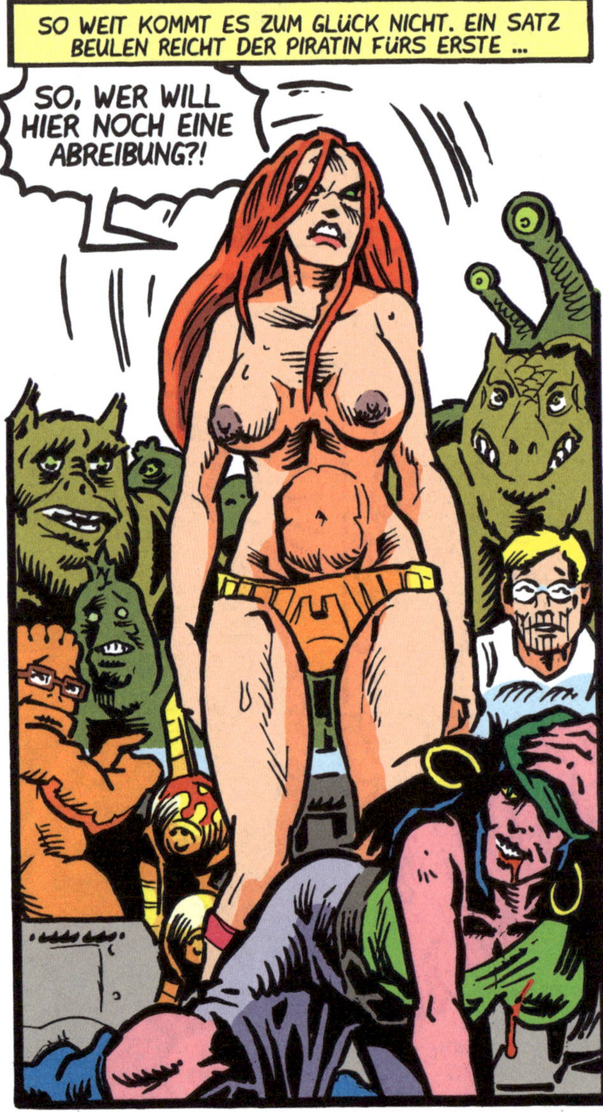
SO WEIT KOMMT ES ZUM GLÜCK NICHT. EIN SATZ BEULEN REICHT DER PIRATIN FÜRS ERSTE ...
SO, WER WILL HIER NOCH EINE ABREIBUNG?!

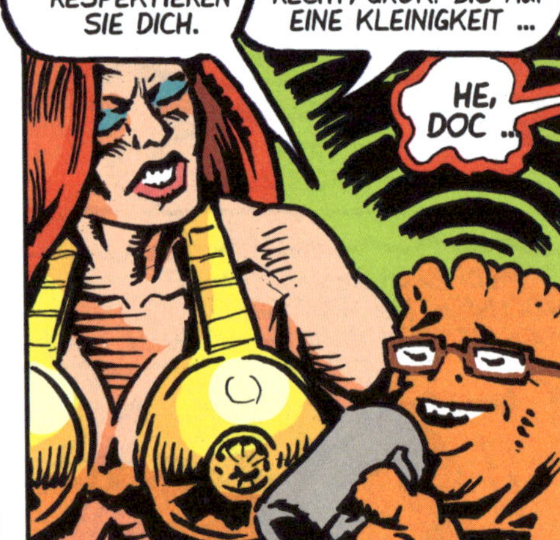
GUT GEMACHT, BELLA! NUN RESPEKTIEREN SIE DICH.
OOOKAYY ... DU HATTEST TATSÄCHLICH RECHT, GROK! BIS AUF EINE KLEINIGKEIT ...
HE, DOC ...

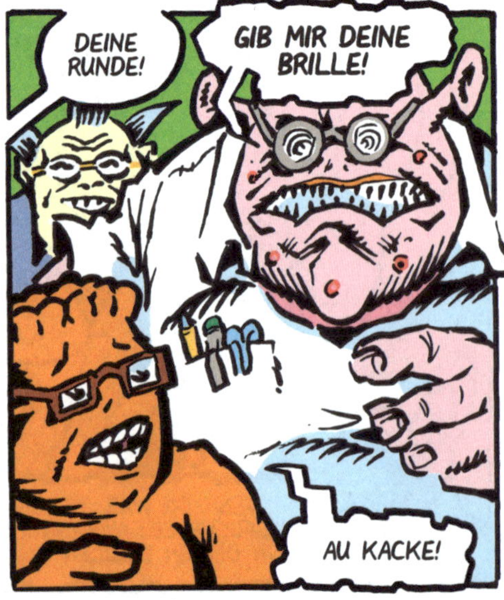
DEINE RUNDE!
GIB MIR DEINE BRILLE!
AU KACKE!

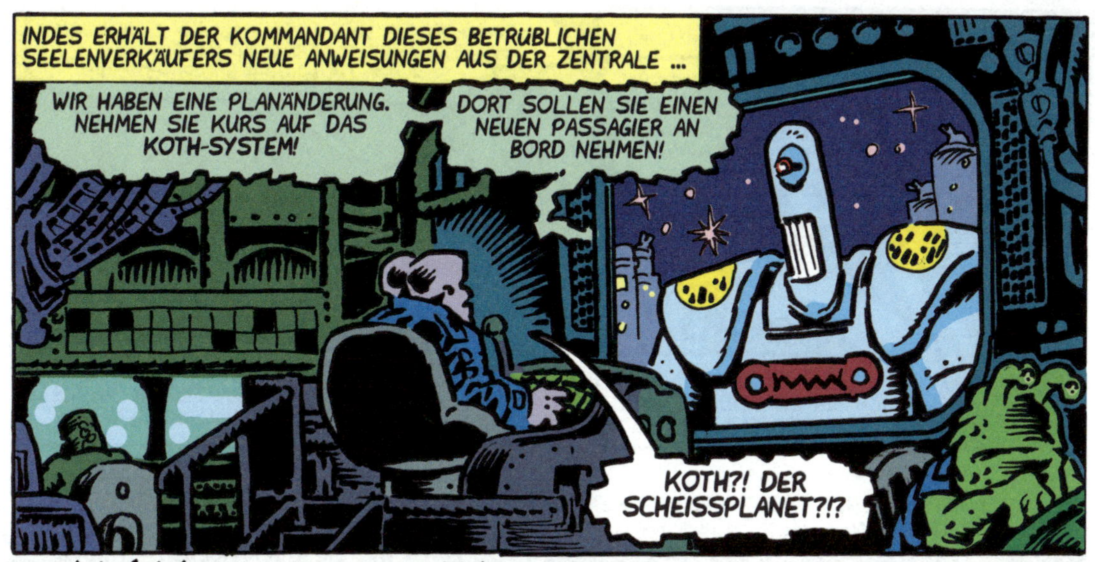
INDES ERHÄLT DER KOMMANDANT DIESES BETRÜBLICHEN SEELENVERKÄUFERS NEUE ANWEISUNGEN AUS DER ZENTRALE ...
WIR HABEN EINE PLANÄNDERUNG. NEHMEN SIE KURS AUF DAS KOTH-SYSTEM!
DORT SOLLEN SIE EINEN NEUEN PASSAGIER AN BORD NEHMEN!
KOTH?! DER SCHEISSPLANET?!?

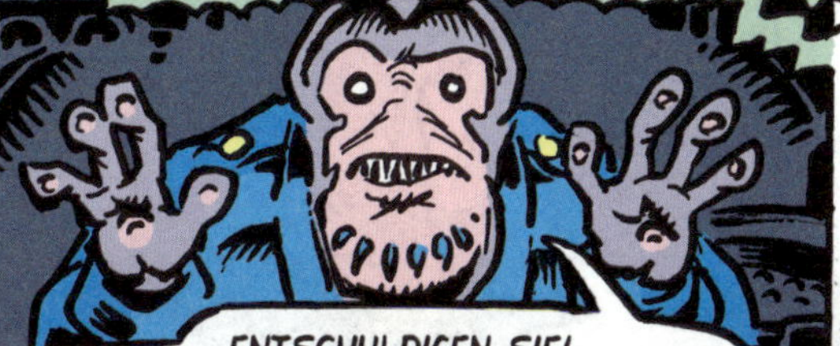
ACHTEN SIE AUF IHRE WORTWAHL! DIE BEWOHNER BEVORZUGEN DEN BEGRIFF "FÄKALIENWELT"!
ICH WEISS, SIE HABEN ES MIT DEM ABSCHAUM DES ALLS ZU TUN. GERADE DESHALB HABEN SIE ALS ANGESTELLTER DER GALAKTISCHEN GEFÄNGNIS GMBH VORBILD UND INSPIRATION ZU SEIN!
ENTSCHULDIGEN SIE! ICH MACHE MIR NUR ETWAS SORGEN. DIE BEWOHNER VON KOTH SIND NICHT UNBEDINGT FÜR IHREN ANGENEHMEN GERUCH BEKANNT.

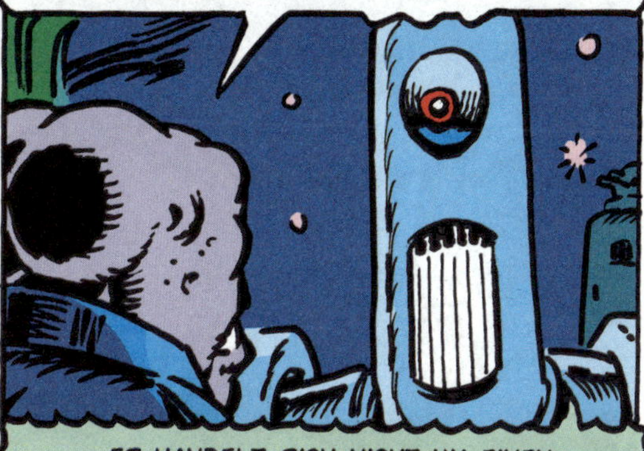
DIE GEFANGENEN SIND OHNEHIN SCHON UNRUHIG. EIN KOTHIANER IN IHREN REIHEN WÜRDE ...
ES HANDELT SICH NICHT UM EINEN GEWÖHNLICHEN GEFANGENEN. WIR HABEN ES MIT EINER ENTITÄT DRITTEN RANGES ZU TUN. EIN FALL FÜR DIE ISOLATIONSLADEZELLEN!

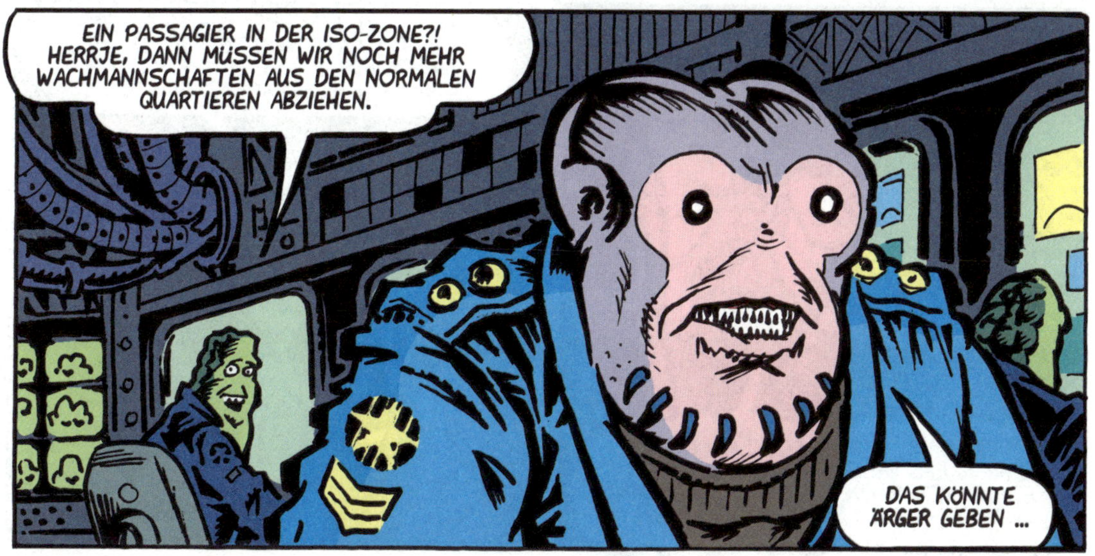
EIN PASSAGIER IN DER ISO-ZONE?! HERRJE, DANN MÜSSEN WIR NOCH MEHR WACHMANNSCHAFTEN AUS DEN NORMALEN QUARTIEREN ABZIEHEN.
DAS KÖNNTE ÄRGER GEBEN ...

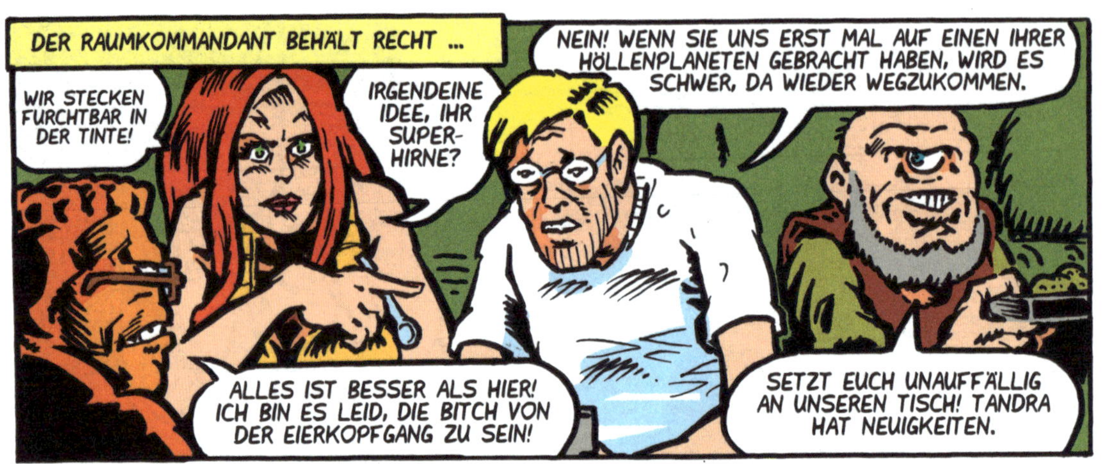
DER RAUMKOMMANDANT BEHÄLT RECHT ...
WIR STECKEN FURCHTBAR IN DER TINTE!
IRGENDEINE IDEE, IHR SUPER-HIRNE?
NEIN! WENN SIE UNS ERST MAL AUF EINEN IHRER HÖLLENPLANETEN GEBRACHT HABEN, WIRD ES SCHWER, DA WIEDER WEGZUKOMMEN.
ALLES IST BESSER ALS HIER! ICH BIN ES LEID, DIE BITCH VON DER EIERKOPFGANG ZU SEIN!
SETZT EUCH UNAUFFÄLLIG AN UNSEREN TISCH! TANDRA HAT NEUIGKEITEN.

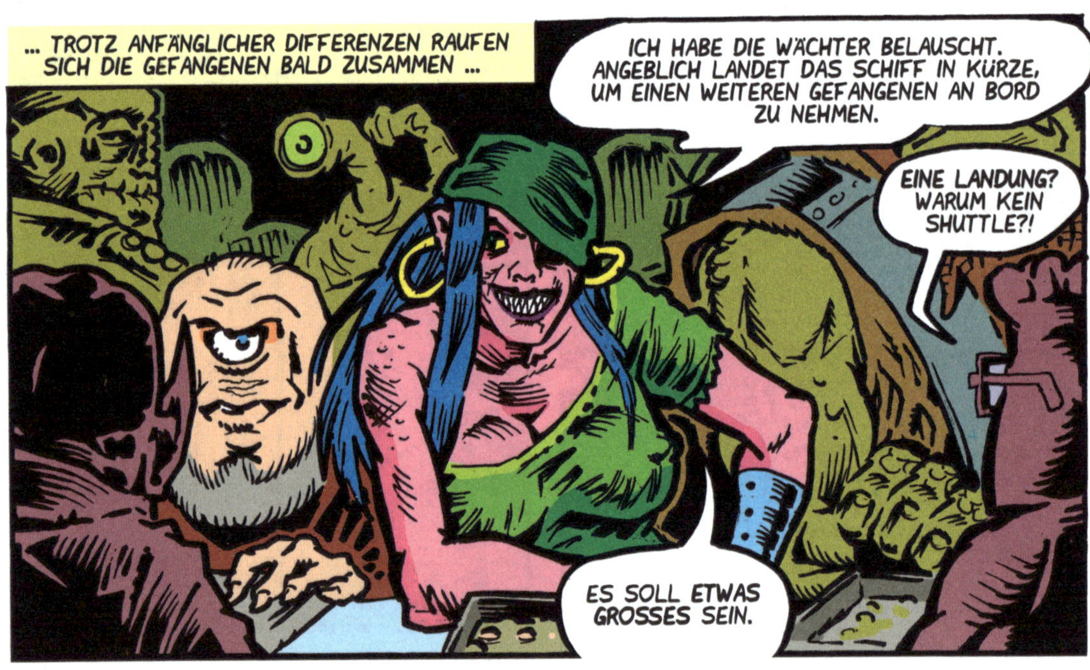
... TROTZ ANFÄNGLICHER DIFFERENZEN RAUFEN SICH DIE GEFANGENEN BALD ZUSAMMEN ...
ICH HABE DIE WÄCHTER BELAUSCHT. ANGEBLICH LANDET DAS SCHIFF IN KÜRZE, UM EINEN WEITEREN GEFANGENEN AN BORD ZU NEHMEN.
EINE LANDUNG? WARUM KEIN SHUTTLE?!
ES SOLL ETWAS GROSSES SEIN.

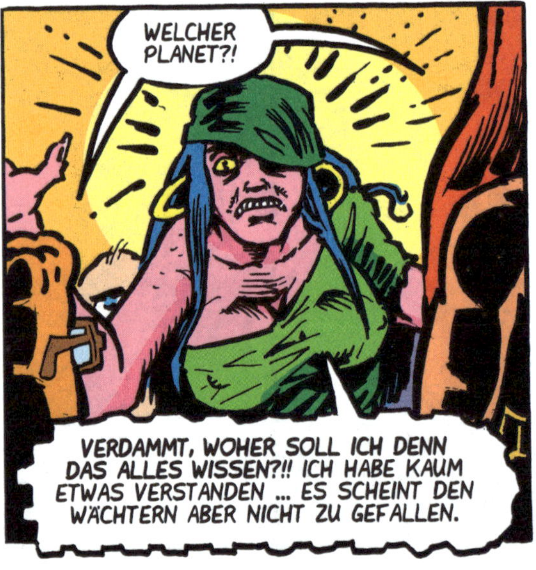
WELCHER PLANET?!
VERDAMMT, WOHER SOLL ICH DENN DAS ALLES WISSEN?!! ICH HABE KAUM ETWAS VERSTANDEN ... ES SCHEINT DEN WÄCHTERN ABER NICHT ZU GEFALLEN.

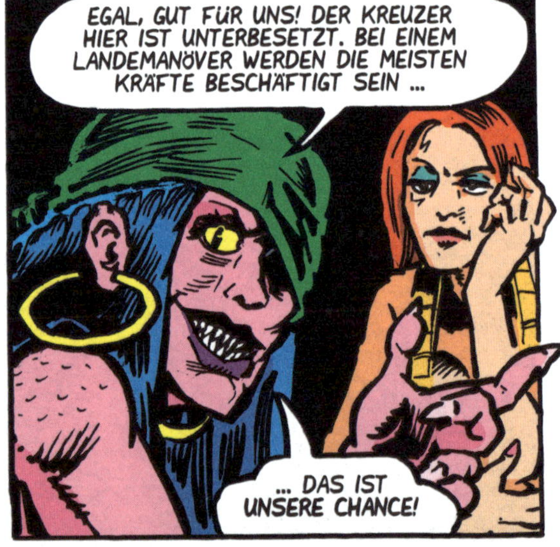
EGAL, GUT FÜR UNS! DER KREUZER HIER IST UNTERBESETZT. BEI EINEM LANDEMANÖVER WERDEN DIE MEISTEN KRÄFTE BESCHÄFTIGT SEIN ...
... DAS IST UNSERE CHANCE!

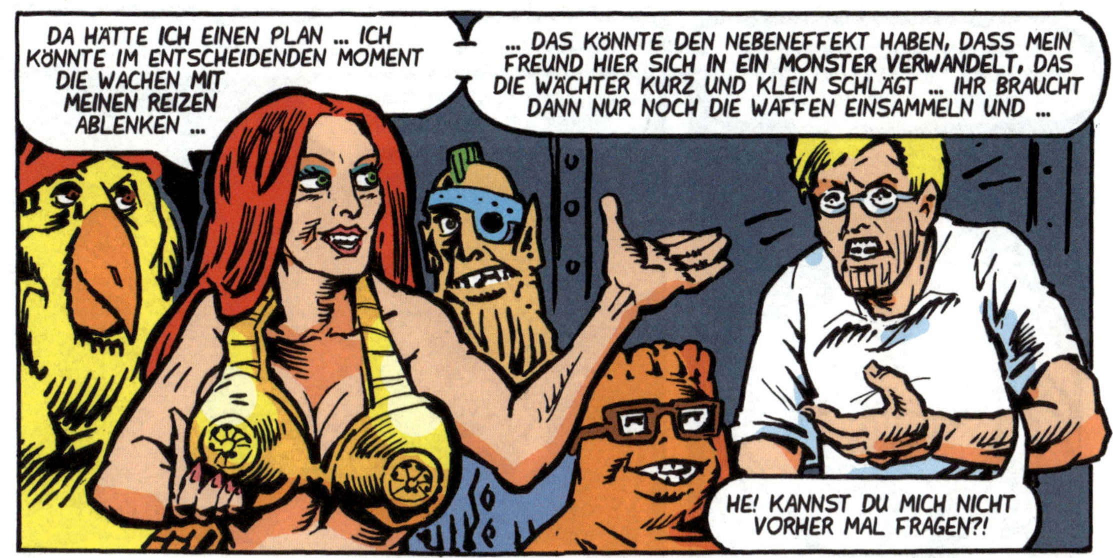
DA HÄTTE ICH EINEN PLAN ... ICH KÖNNTE IM ENTSCHEIDENDEN MOMENT DIE WACHEN MIT MEINEN REIZEN ABLENKEN ...
... DAS KÖNNTE DEN NEBENEFFEKT HABEN, DASS MEIN FREUND HIER SICH IN EIN MONSTER VERWANDELT, DAS DIE WÄCHTER KURZ UND KLEIN SCHLÄGT ... IHR BRAUCHT DANN NUR NOCH DIE WAFFEN EINSAMMELN UND ...
HE! KANNST DU MICH NICHT VORHER MAL FRAGEN?!

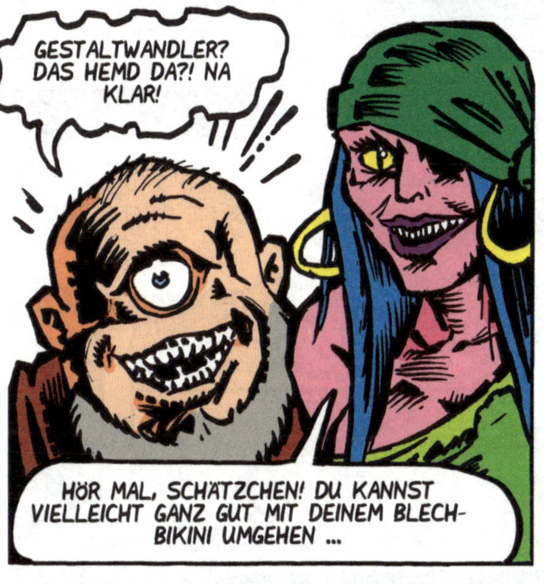
GESTALTWANDLER? DAS HEMD DA?! NA KLAR!
HÖR MAL, SCHÄTZCHEN! DU KANNST VIELLEICHT GANZ GUT MIT DEINEM BLECH-BIKINI UMGEHEN ...

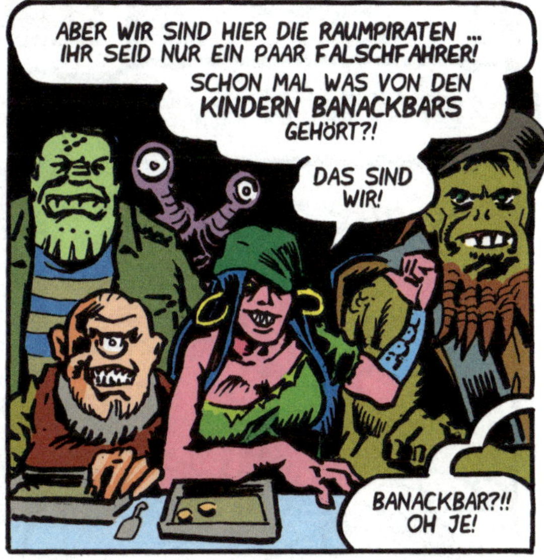
ABER WIR SIND HIER DIE RAUMPIRATEN ... IHR SEID NUR EIN PAAR FALSCHFAHRER!
SCHON MAL WAS VON DEN KINDERN BANACKBARS GEHÖRT?!
DAS SIND WIR!
BANACKBAR?!! OH JE!

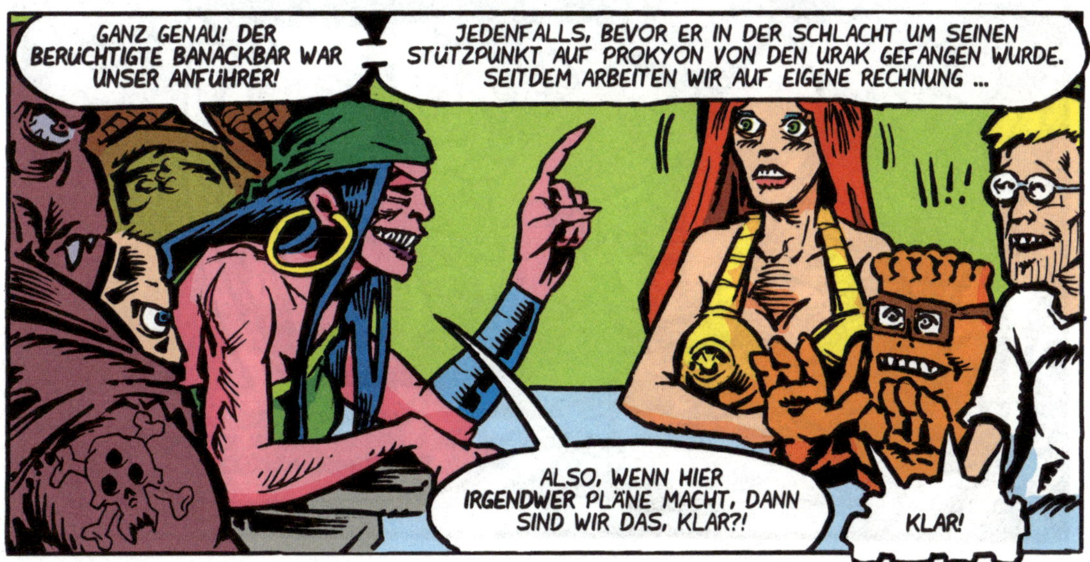
GANZ GENAU! DER BERÜCHTIGTE BANACKBAR WAR UNSER ANFÜHRER!
JEDENFALLS, BEVOR ER IN DER SCHLACHT UM SEINEN STÜTZPUNKT AUF PROKYON VON DEN URAK GEFANGEN WURDE. SEITDEM ARBEITEN WIR AUF EIGENE RECHNUNG ...
!!!
ALSO, WENN HIER IRGENDWER PLÄNE MACHT, DANN SIND WIR DAS, KLAR?!
KLAR!

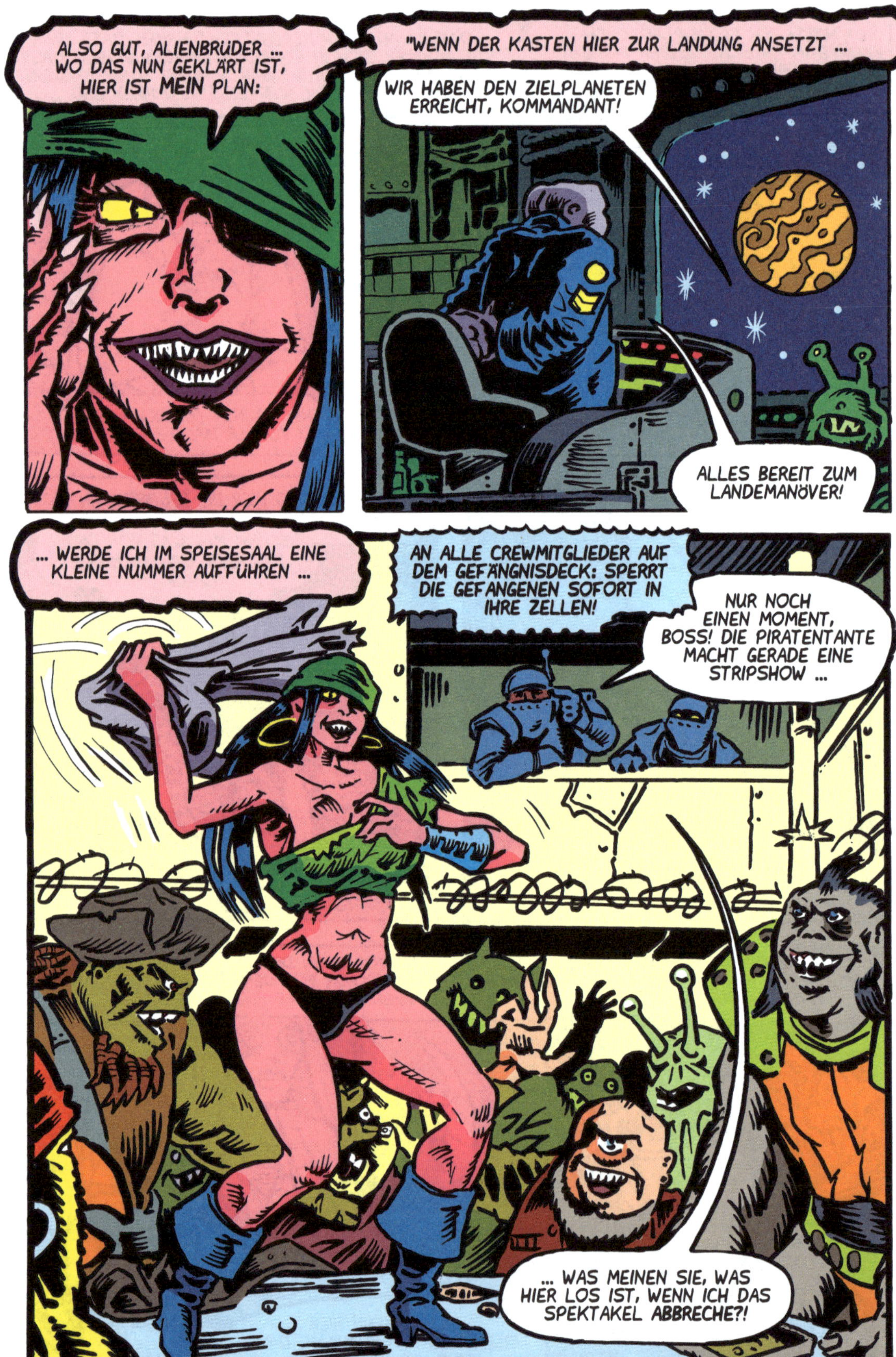
ALSO GUT, ALIENBRÜDER ... WO DAS NUN GEKLÄRT IST, HIER IST MEIN PLAN:
"WENN DER KASTEN HIER ZUR LANDUNG ANSETZT ...
WIR HABEN DEN ZIELPLANETEN ERREICHT, KOMMANDANT!
ALLES BEREIT ZUM LANDEMANÖVER!
... WERDE ICH IM SPEISESAAL EINE KLEINE NUMMER AUFFÜHREN ...
AN ALLE CREWMITGLIEDER AUF DEM GEFÄNGNISDECK: SPERRT DIE GEFANGENEN SOFORT IN IHRE ZELLEN!
NUR NOCH EINEN MOMENT, BOSS! DIE PIRATENTANTE MACHT GERADE EINE STRIPSHOW ...
... WAS MEINEN SIE, WAS HIER LOS IST, WENN ICH DAS SPEKTAKEL ABBRECHE?!

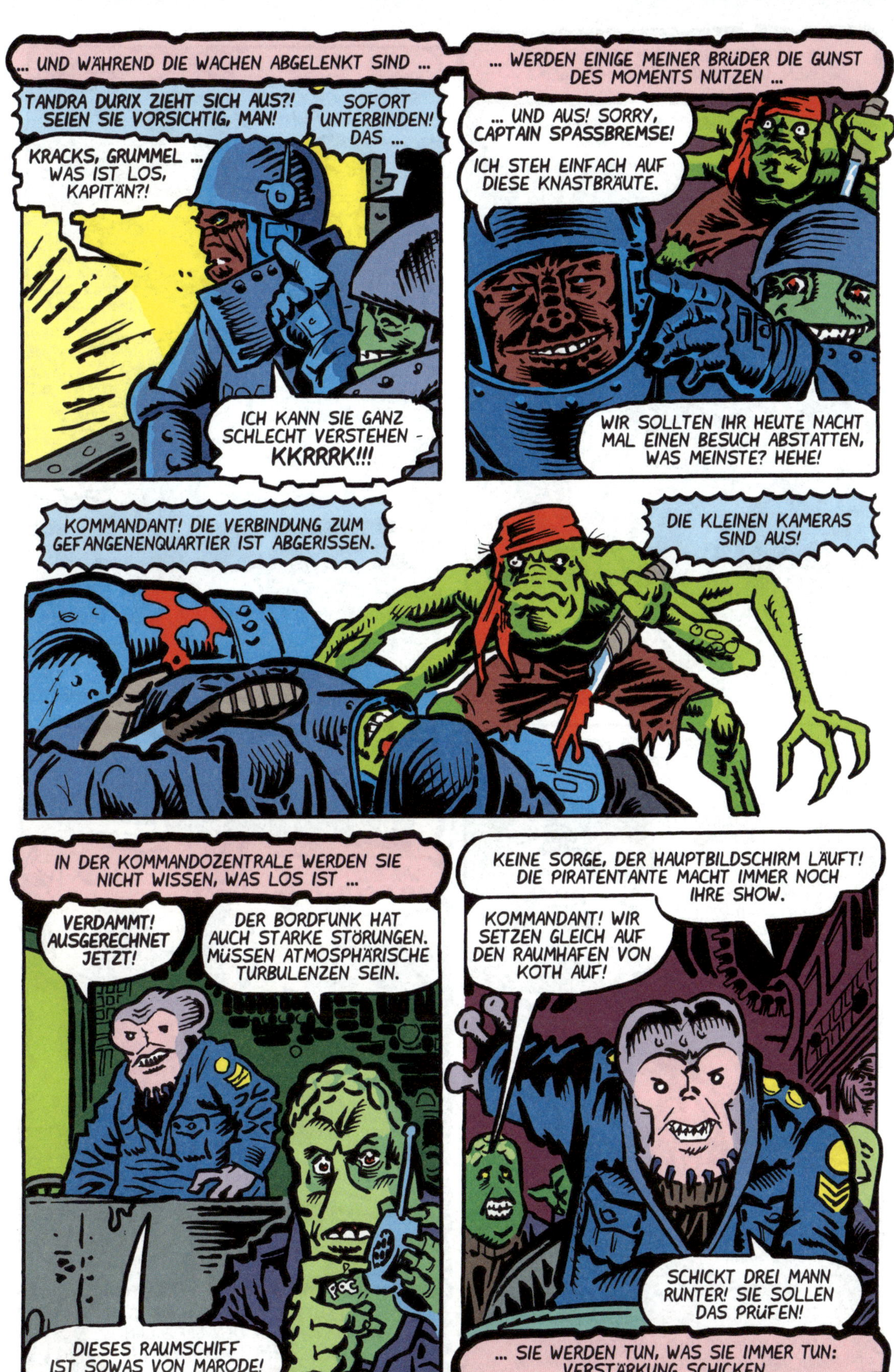
... UND WÄHREND DIE WACHEN ABGELENKT SIND ...
TANDRA DURIX ZIEHT SICH AUS?! SEIEN SIE VORSICHTIG, MAN!
SOFORT UNTERBINDEN! DAS ...
KRACKS, GRUMMEL ... WAS IST LOS, KAPITÄN?!
ICH KANN SIE GANZ SCHLECHT VERSTEHEN - KKRRRK!!!
... WERDEN EINIGE MEINER BRÜDER DIE GUNST DES MOMENTS NUTZEN ...
... UND AUS! SORRY, CAPTAIN SPASSBREMSE!
ICH STEH EINFACH AUF DIESE KNASTBRÄUTE.
WIR SOLLTEN IHR HEUTE NACHT MAL EINEN BESUCH ABSTATTEN, WAS MEINSTE? HEHE!
KOMMANDANT! DIE VERBINDUNG ZUM GEFANGENENQUARTIER IST ABGERISSEN.
DIE KLEINEN KAMERAS SIND AUS!
IN DER KOMMANDOZENTRALE WERDEN SIE NICHT WISSEN, WAS LOS IST ...
VERDAMMT! AUSGERECHNET JETZT!
DER BORDFUNK HAT AUCH STARKE STÖRUNGEN. MÜSSEN ATMOSPHÄRISCHE TURBULENZEN SEIN.
DIESES RAUMSCHIFF IST SOWAS VON MARODE!
KEINE SORGE, DER HAUPTBILDSCHIRM LÄUFT! DIE PIRATENTANTE MACHT IMMER NOCH IHRE SHOW.
KOMMANDANT! WIR SETZEN GLEICH AUF DEN RAUMHAFEN VON KOTH AUF!
SCHICKT DREI MANN RUNTER! SIE SOLLEN DAS PRÜFEN!
... SIE WERDEN TUN, WAS SIE IMMER TUN: VERSTÄRKUNG SCHICKEN.

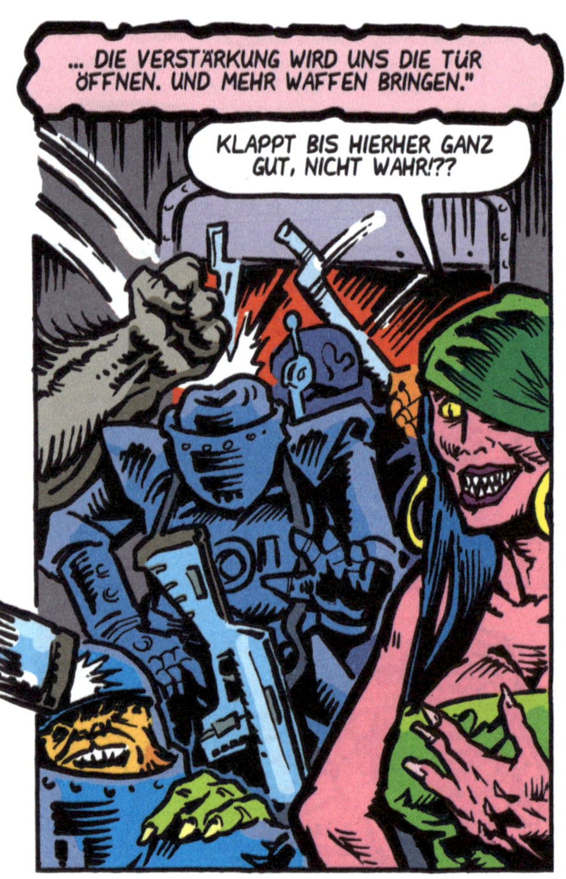
... DIE VERSTÄRKUNG WIRD UNS DIE TÜR ÖFFNEN. UND MEHR WAFFEN BRINGEN."
KLAPPT BIS HIERHER GANZ GUT, NICHT WAHR!??

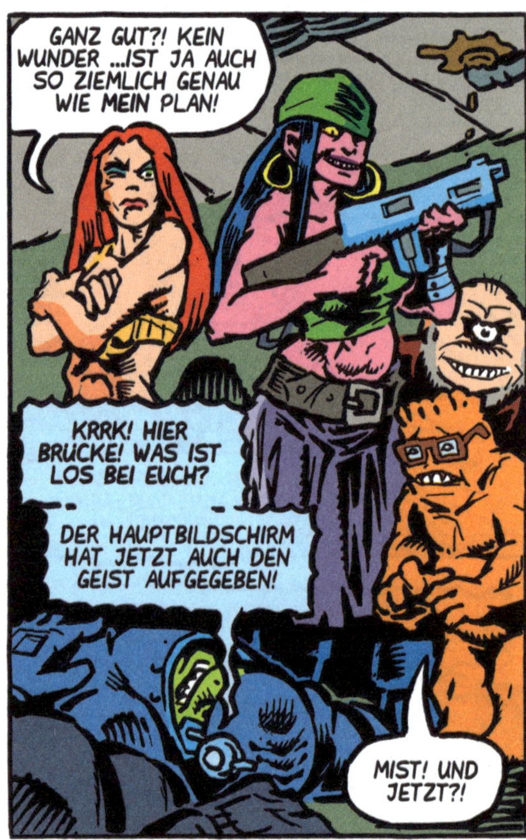
GANZ GUT?! KEIN WUNDER ...IST JA AUCH SO ZIEMLICH GENAU WIE MEIN PLAN!
KRRK! HIER BRÜCKE! WAS IST LOS BEI EUCH?
DER HAUPTBILDSCHIRM HAT JETZT AUCH DEN GEIST AUFGEGEBEN!
MIST! UND JETZT?!

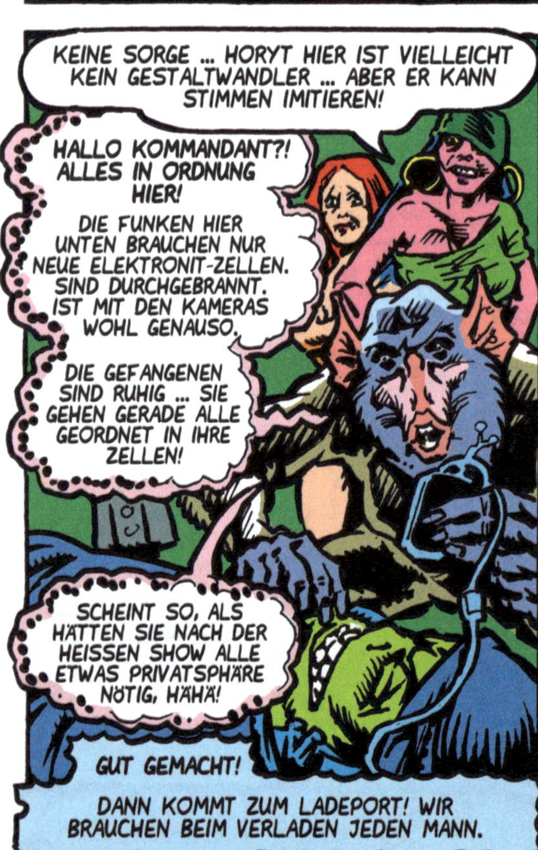
KEINE SORGE ... HORYT HIER IST VIELLEICHT KEIN GESTALTWANDLER ... ABER ER KANN STIMMEN IMITIEREN!
HALLO KOMMANDANT?! ALLES IN ORDNUNG HIER!
DIE FUNKEN HIER UNTEN BRAUCHEN NUR NEUE ELEKTRONIT-ZELLEN. SIND DURCHGEBRANNT. IST MIT DEN KAMERAS WOHL GENAUSO.
DIE GEFANGENEN SIND RUHIG ... SIE GEHEN GERADE ALLE GEORDNET IN IHRE ZELLEN!
SCHEINT SO, ALS HÄTTEN SIE NACH DER HEISSEN SHOW ALLE ETWAS PRIVATSPHÄRE NÖTIG, HÄHÄ!
GUT GEMACHT!
DANN KOMMT ZUM LADEPORT! WIR BRAUCHEN BEIM VERLADEN JEDEN MANN.

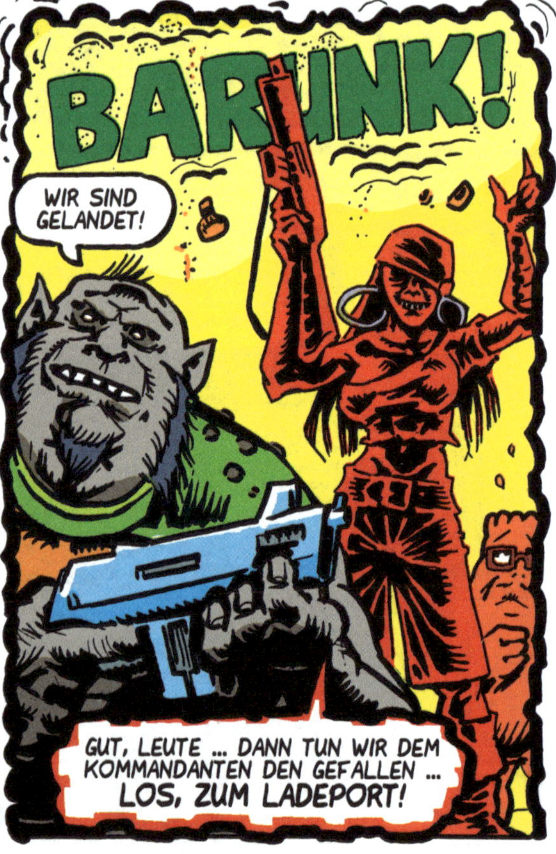
BARUNK!
WIR SIND GELANDET!
GUT, LEUTE ... DANN TUN WIR DEM KOMMANDANTEN DEN GEFALLEN ... LOS, ZUM LADEPORT!

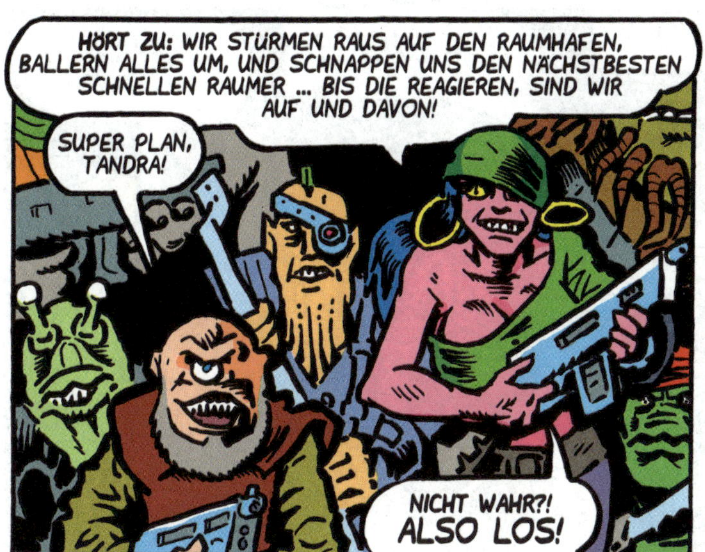
HÖRT ZU: WIR STÜRMEN RAUS AUF DEN RAUMHAFEN, BALLERN ALLES UM, UND SCHNAPPEN UNS DEN NÄCHSTBESTEN SCHNELLEN RAUMER ... BIS DIE REAGIEREN, SIND WIR AUF UND DAVON!
SUPER PLAN, TANDRA!
NICHT WAHR?! ALSO LOS!

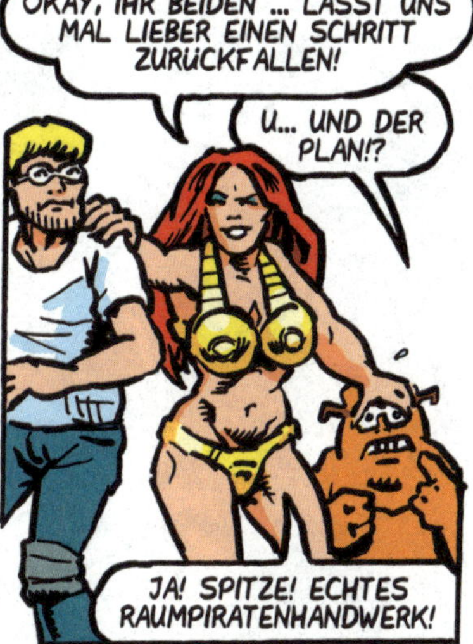
OKAY, IHR BEIDEN ... LASST UNS MAL LIEBER EINEN SCHRITT ZURÜCKFALLEN!
U... UND DER PLAN!?
JA! SPITZE! ECHTES RAUMPIRATENHANDWERK!

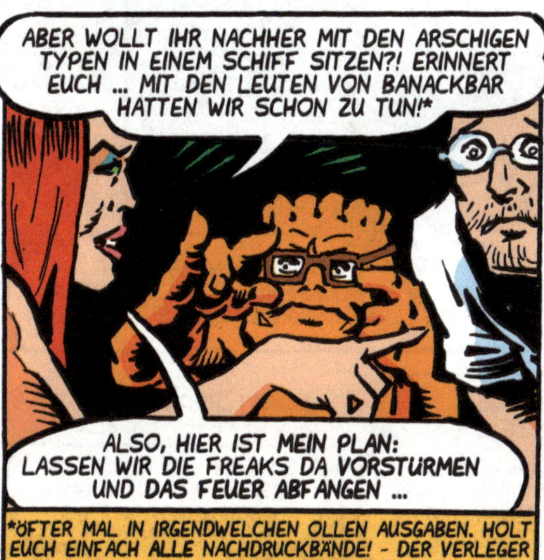
ABER WOLLT IHR NACHHER MIT DEN ARSCHIGEN TYPEN IN EINEM SCHIFF SITZEN?! ERINNERT EUCH ... MIT DEN LEUTEN VON BANACKBAR HATTEN WIR SCHON ZU TUN!*
ALSO, HIER IST MEIN PLAN: LASSEN WIR DIE FREAKS DA VORSTÜRMEN UND DAS FEUER ABFANGEN ...
*ÖFTER MAL IN IRGENDWELCHEN OLLEN AUSGABEN. HOLT EUCH EINFACH ALLE NACHDRUCKBÄNDE! - DER VERLEGER

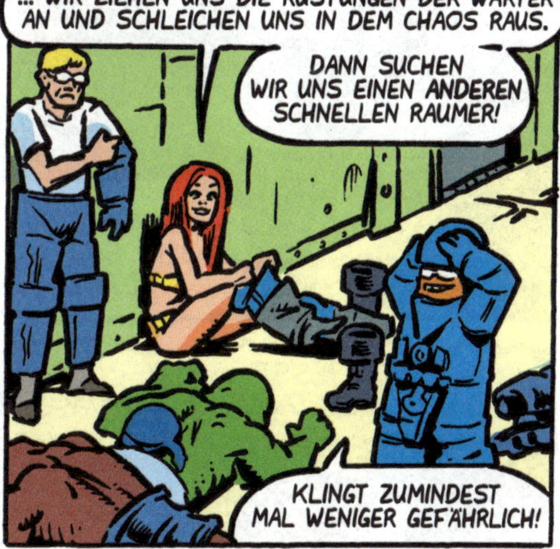
... WIR ZIEHEN UNS DIE RÜSTUNGEN DER WÄRTER AN UND SCHLEICHEN UNS IN DEM CHAOS RAUS.
DANN SUCHEN WIR UNS EINEN ANDEREN SCHNELLEN RAUMER!
KLINGT ZUMINDEST MAL WENIGER GEFÄHRLICH!

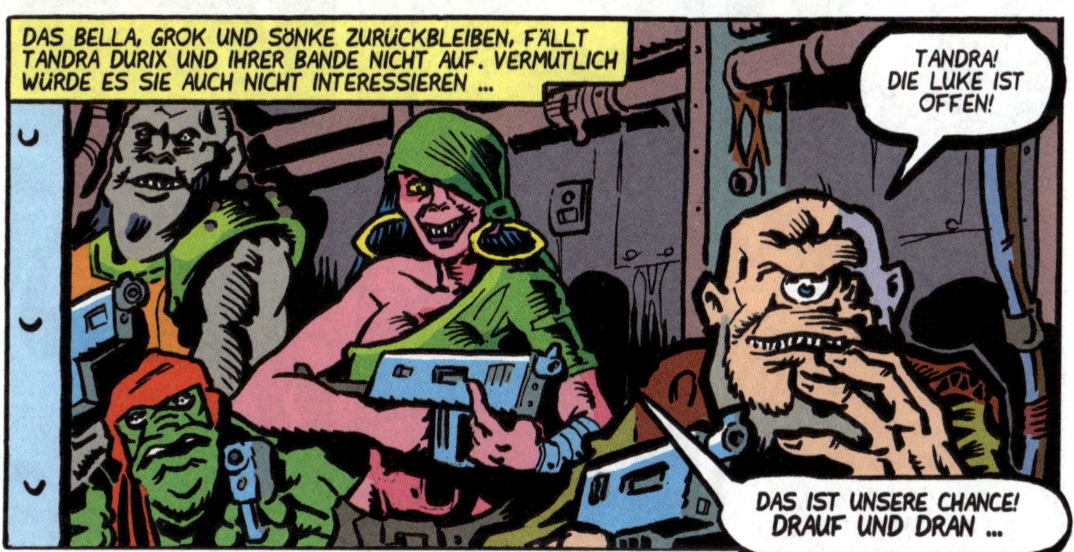
DAS BELLA, GROK UND SÖNKE ZURÜCKBLEIBEN, FÄLLT TANDRA DURIX UND IHRER BANDE NICHT AUF. VERMUTLICH WÜRDE ES SIE AUCH NICHT INTERESSIEREN ...
TANDRA! DIE LUKE IST OFFEN!
DAS IST UNSERE CHANCE! DRAUF UND DRAN ...

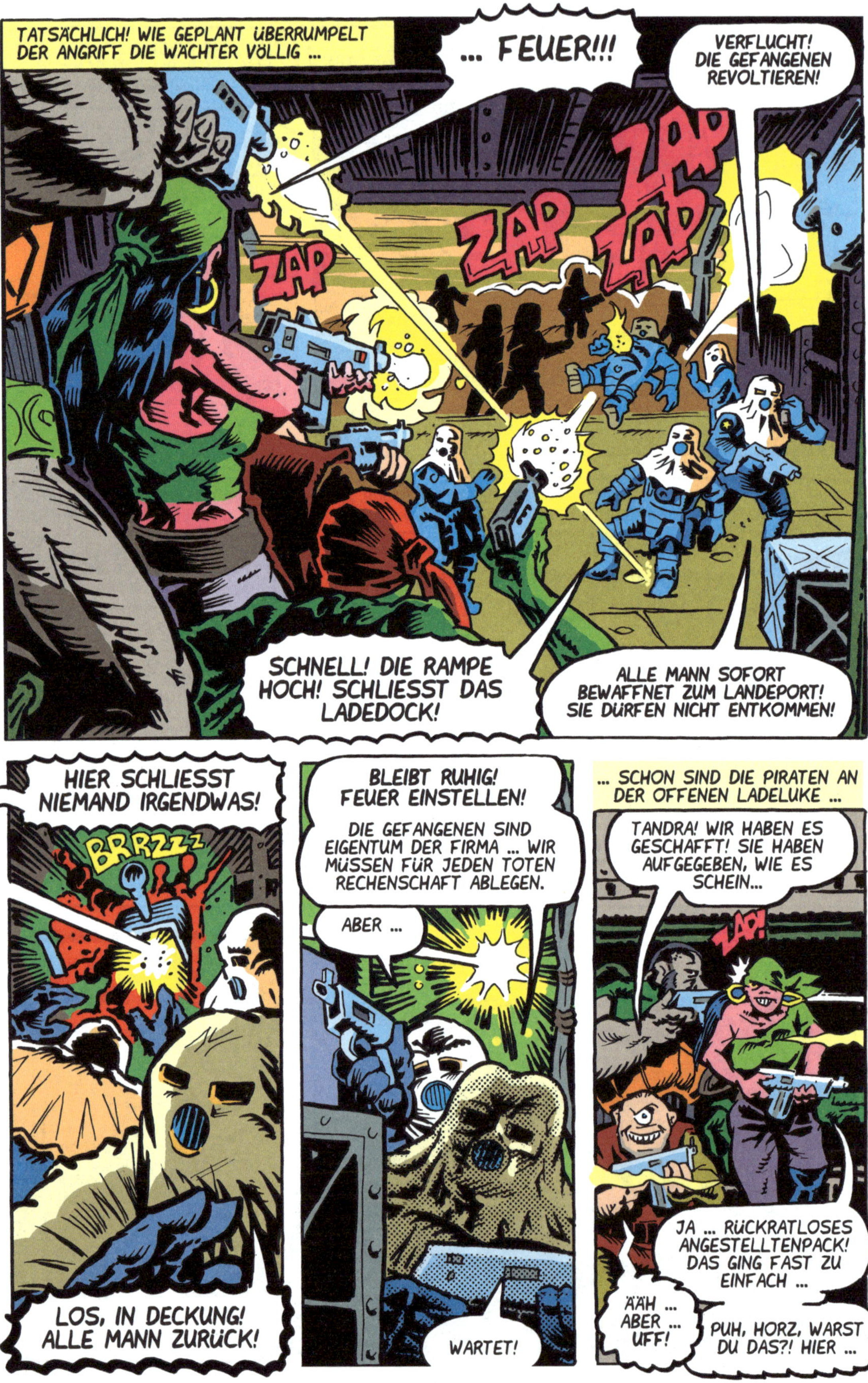

TATSÄCHLICH! WIE GEPLANT ÜBERRUMPELT DER ANGRIFF DIE WÄCHTER VÖLLIG ...

... FEUER!!!

VERFLUCHT! DIE GEFANGENEN REVOLTIEREN!

ZAP ZAP ZAP ZAP

SCHNELL! DIE RAMPE HOCH! SCHLIESST DAS LADEDOCK!

ALLE MANN SOFORT BEWAFFNET ZUM LANDEPORT! SIE DÜRFEN NICHT ENTKOMMEN!

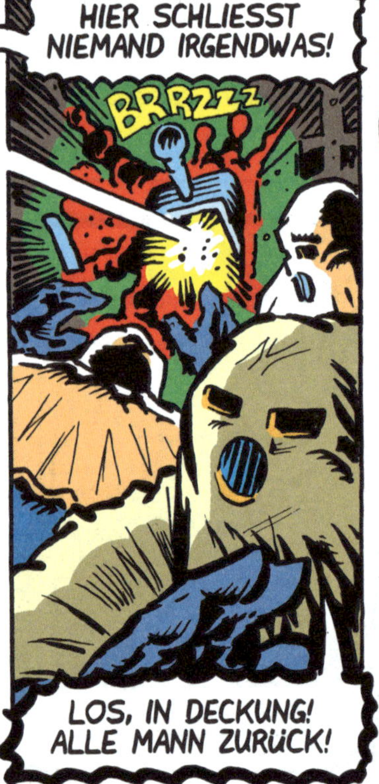

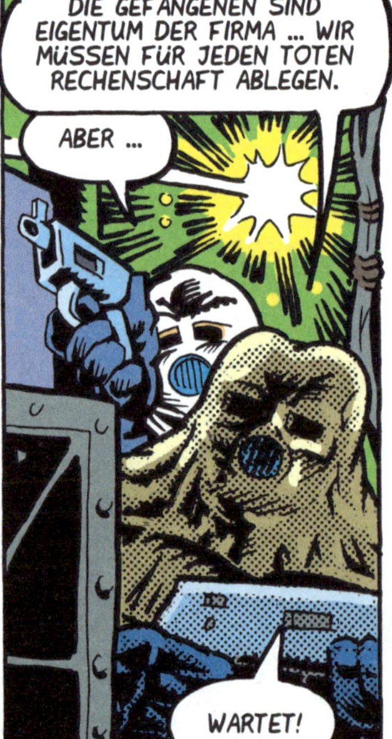

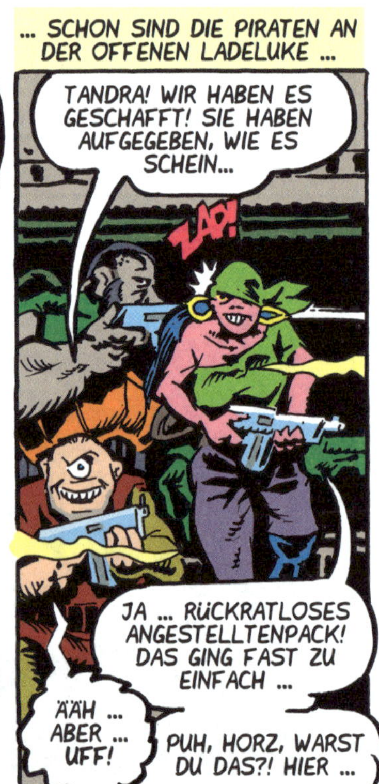

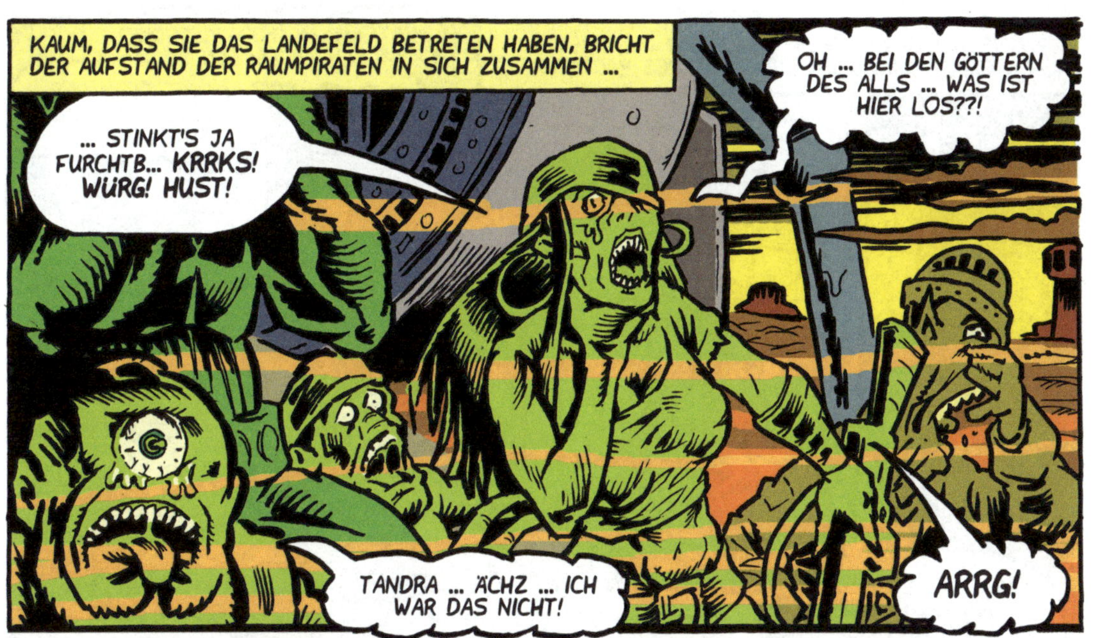
KAUM, DASS SIE DAS LANDEFELD BETRETEN HABEN, BRICHT DER AUFSTAND DER RAUMPIRATEN IN SICH ZUSAMMEN ...
... STINKT'S JA FURCHTB... KRRKS! WÜRG! HUST!
OH ... BEI DEN GÖTTERN DES ALLS ... WAS IST HIER LOS??!
TANDRA ... ÄCHZ ... ICH WAR DAS NICHT!
ARRG!

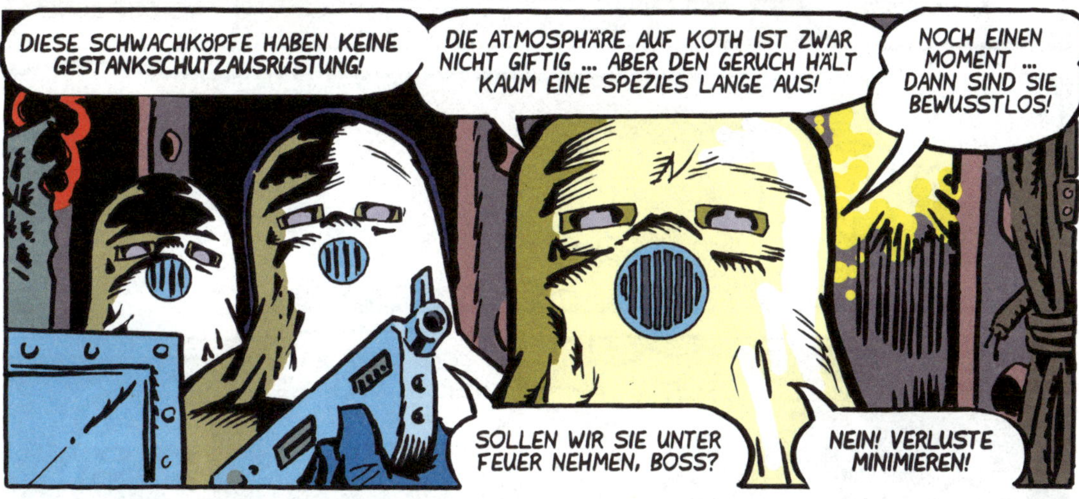
DIESE SCHWACHKÖPFE HABEN KEINE GESTANKSCHUTZAUSRÜSTUNG!
DIE ATMOSPHÄRE AUF KOTH IST ZWAR NICHT GIFTIG ... ABER DEN GERUCH HÄLT KAUM EINE SPEZIES LANGE AUS!
NOCH EINEN MOMENT ... DANN SIND SIE BEWUSSTLOS!
SOLLEN WIR SIE UNTER FEUER NEHMEN, BOSS?
NEIN! VERLUSTE MINIMIEREN!

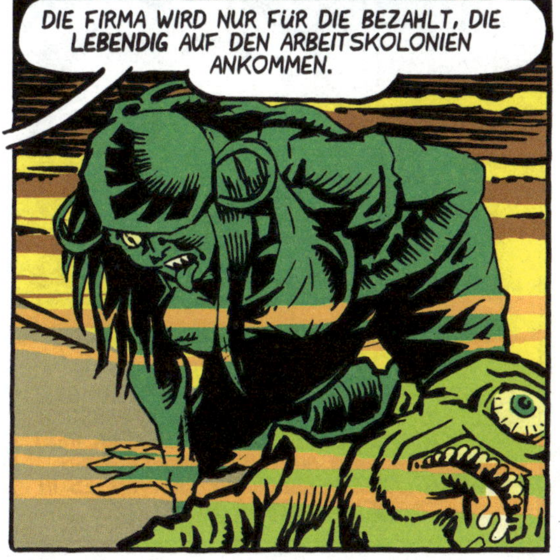
DIE FIRMA WIRD NUR FÜR DIE BEZAHLT, DIE LEBENDIG AUF DEN ARBEITSKOLONIEN ANKOMMEN.

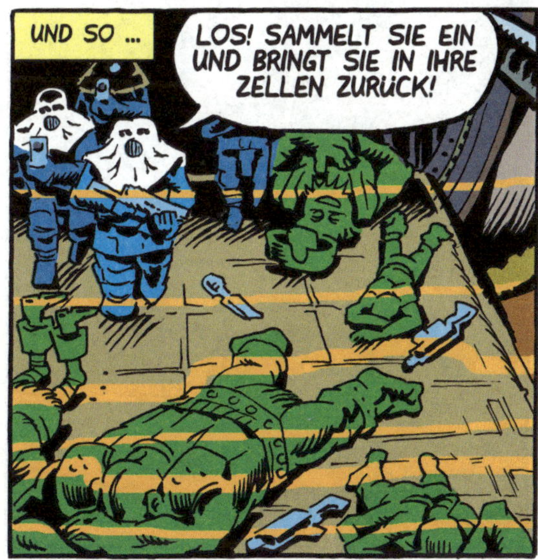
UND SO ...
LOS! SAMMELT SIE EIN UND BRINGT SIE IN IHRE ZELLEN ZURÜCK!

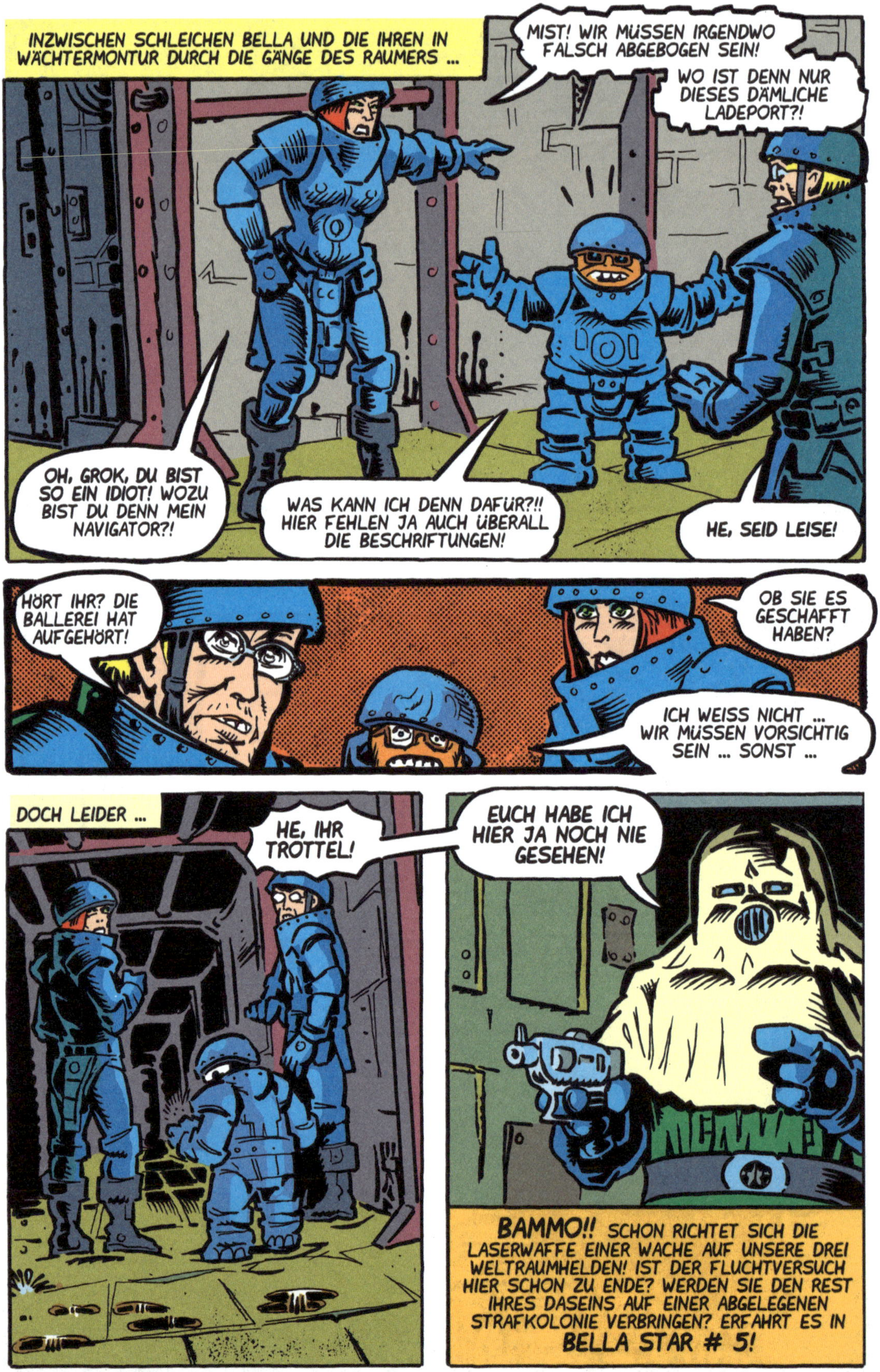

INZWISCHEN SCHLEICHEN BELLA UND DIE IHREN IN WÄCHTERMONTUR DURCH DIE GÄNGE DES RAUMERS ...
MIST! WIR MÜSSEN IRGENDWO FALSCH ABGEBOGEN SEIN!
WO IST DENN NUR DIESES DÄMLICHE LADEPORT?!
OH, GROK, DU BIST SO EIN IDIOT! WOZU BIST DU DENN MEIN NAVIGATOR?!
WAS KANN ICH DENN DAFÜR?!! HIER FEHLEN JA AUCH ÜBERALL DIE BESCHRIFTUNGEN!
HE, SEID LEISE!

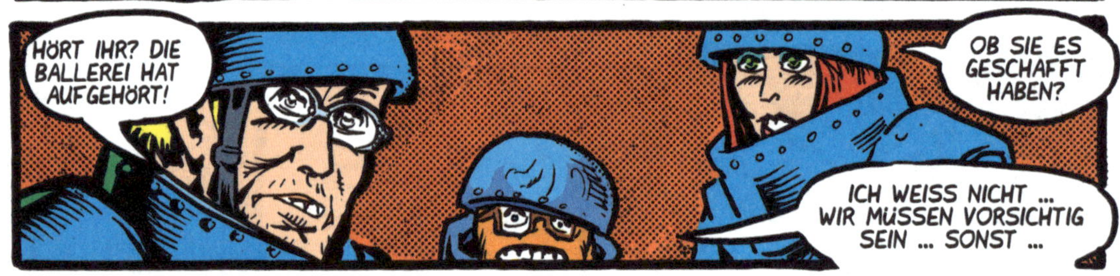

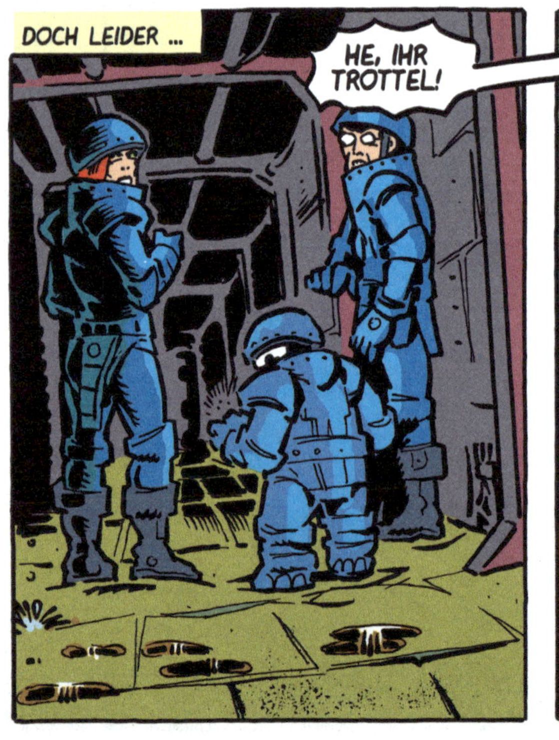

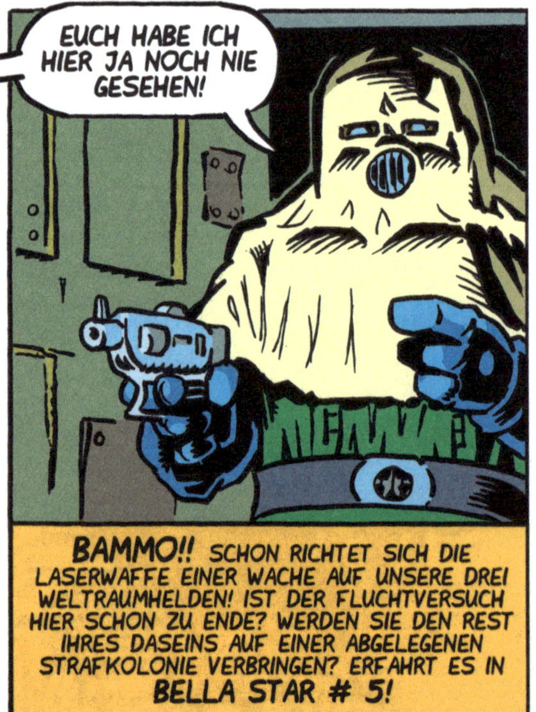

NEU!

2 WEITERE WEISSBLECH-WUNDERWERKE:

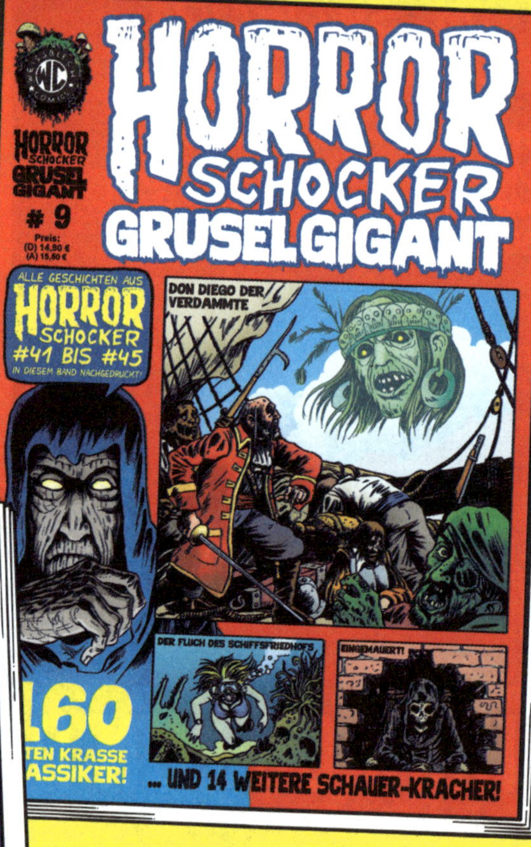

HORRORSCHOCKER GRUSEL GIGANT # 9

Der mythische Fährmann Charon ist wieder da! Seine Barke ist randvoll mit Geschichten des Grauens, denn **in HORRORSCHOCKER GRUSEL GIGANT # 9** sind die 16 Geschichten aus **HORRORSCHOCKER #41** bis **#45** versammelt. Dazu gibt es eine nie gesehene Bonusstory! Ideal für Sammler, Neueinsteiger ... und für alle, die einfach massiv Bock auf Grusel haben!

ISBN: 978-3-86959-134-6
164 Seiten voll in Farbe, Paperback,
Preis 14,90 Euro (D)

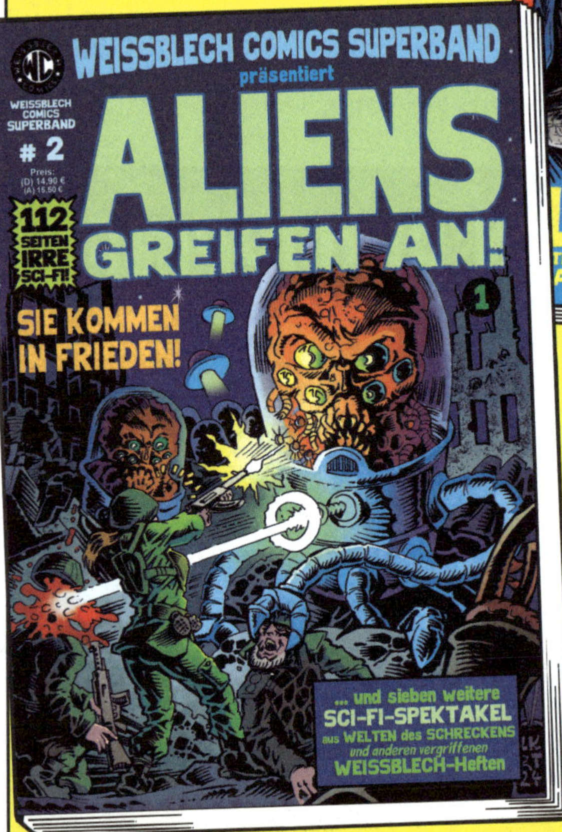

WEISSBLECH COMICS SUPERBAND # 2: ALIENS GREIFEN AN!

ALIENS! Mit gierigen Glubschaugen beobachten sie seit Urzeiten unseren schönen blauen Planeten ...
Das ist auch dem Verleger nicht entgangen - als Warnung für die Menschheit hat er nun dieses Kompendium extraterrestrischer Umtriebe aus vergriffenen Ausgaben der Sci-Fi-Serie **WELTEN des SCHRECKENS** und weiteren nicht mehr erhältlichen WEISSBLECH Comics-Publikationen zusammengestellt.

ISBN: 978-3-86959-135-3
112 Seiten voll in Farbe, Paperback,
Preis 14,90 Euro (D)
IN VORBEREITUNG!

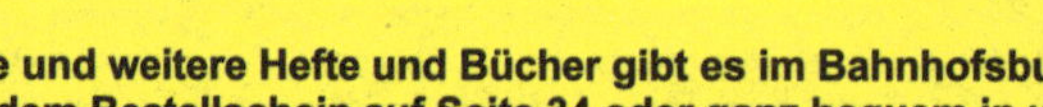

Diese und weitere Hefte und Bücher gibt es im Bahnhofsbuch- und Comicfachhandel, mit dem Bestellschein auf Seite 34 oder ganz bequem in unserem Onlineshop unter

www.weissblechcomics.com

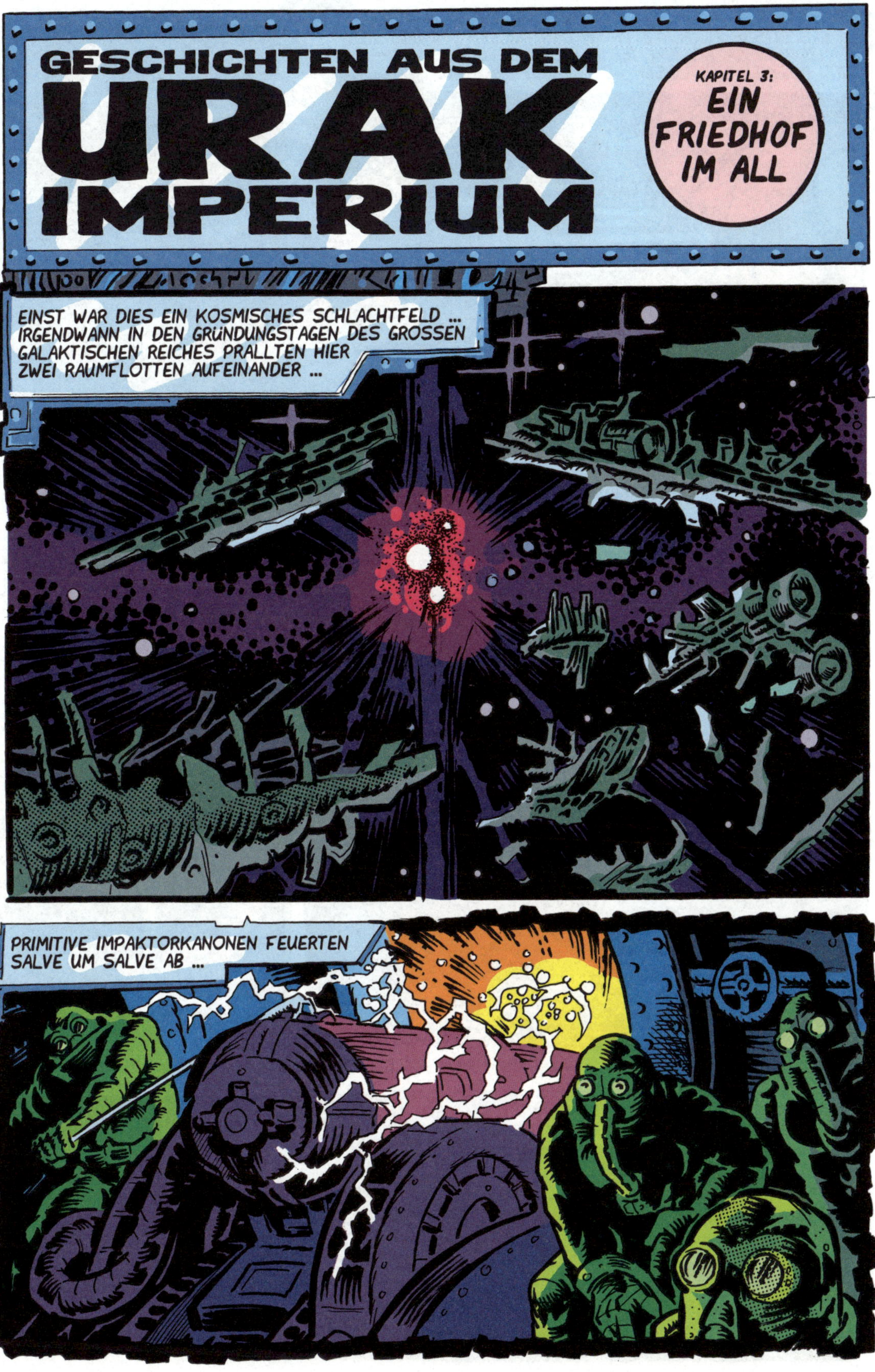

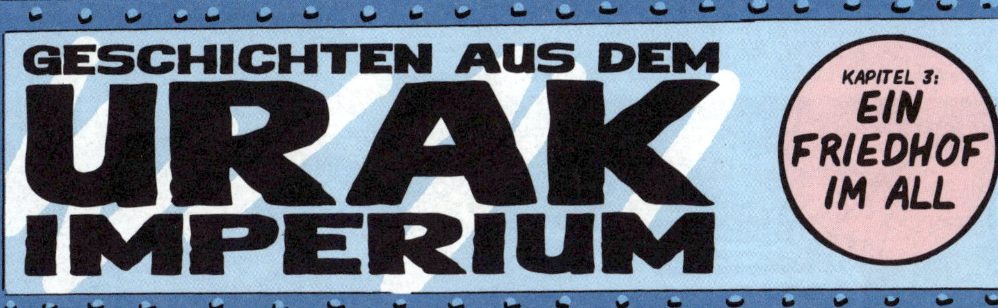

EINST WAR DIES EIN KOSMISCHES SCHLACHTFELD ... IRGENDWANN IN DEN GRÜNDUNGSTAGEN DES GROSSEN GALAKTISCHEN REICHES PRALLTEN HIER ZWEI RAUMFLOTTEN AUFEINANDER ...

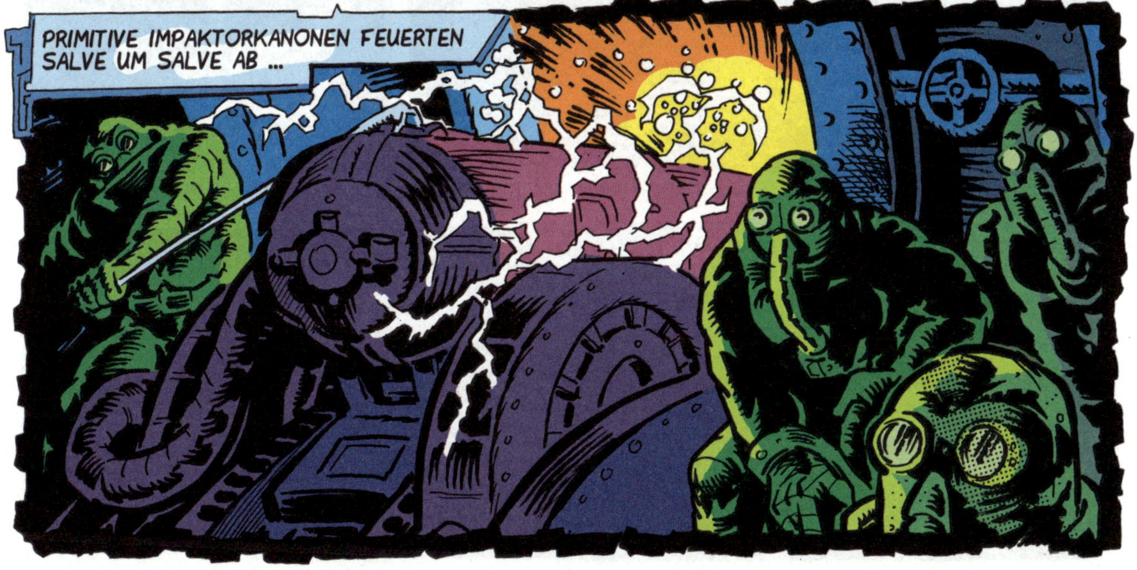

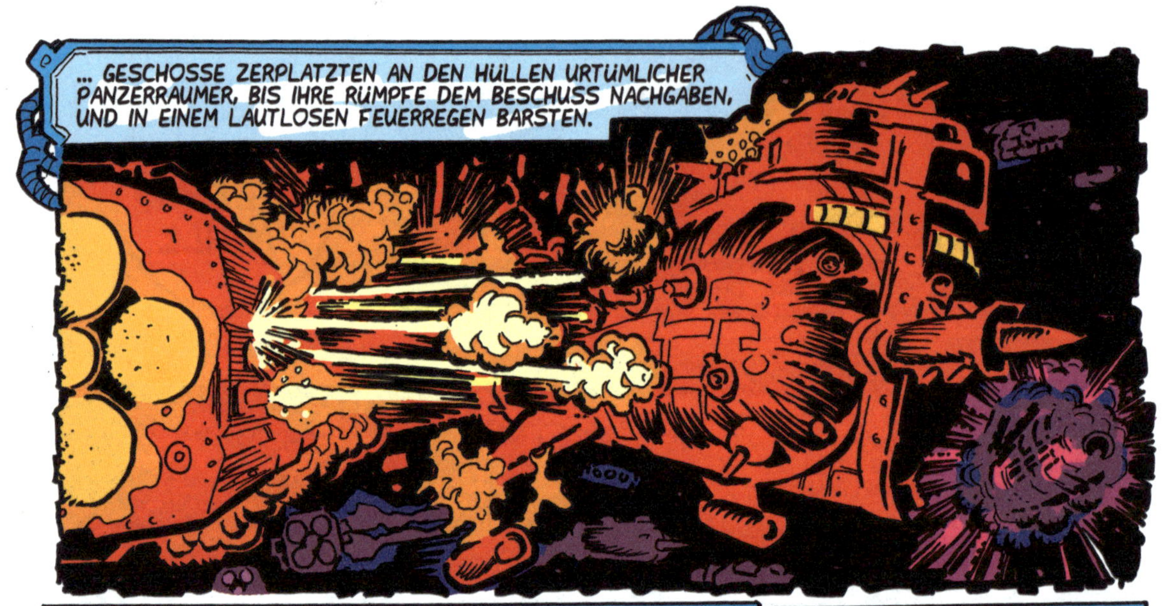
... GESCHOSSE ZERPLATZTEN AN DEN HÜLLEN URTÜMLICHER PANZERRAUMER, BIS IHRE RÜMPFE DEM BESCHUSS NACHGABEN, UND IN EINEM LAUTLOSEN FEUERREGEN BARSTEN.

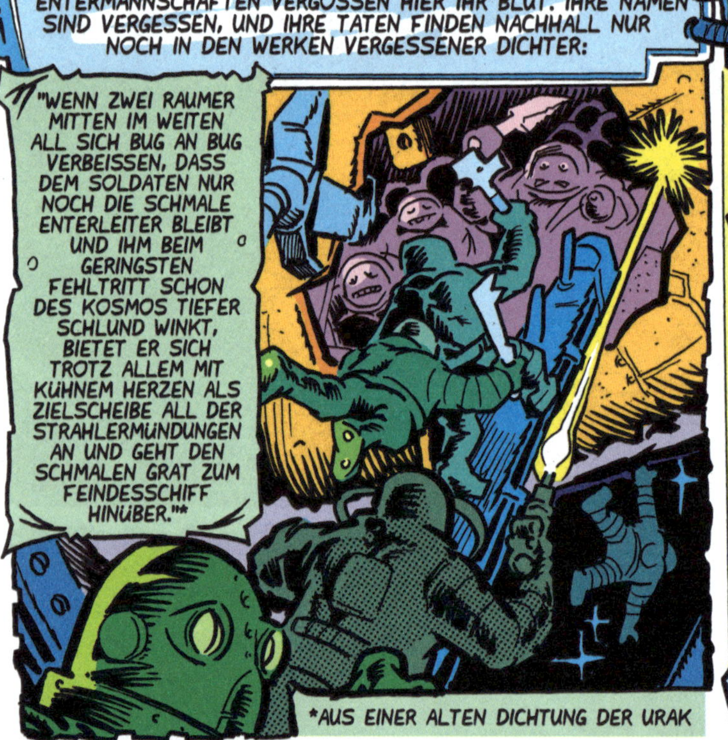
ENTERMANNSCHAFTEN VERGOSSEN HIER IHR BLUT. IHRE NAMEN SIND VERGESSEN, UND IHRE TATEN FINDEN NACHHALL NUR NOCH IN DEN WERKEN VERGESSENER DICHTER:
"WENN ZWEI RAUMER MITTEN IM WEITEN ALL SICH BUG AN BUG VERBEISSEN, DASS DEM SOLDATEN NUR NOCH DIE SCHMALE ENTERLEITER BLEIBT UND IHM BEIM GERINGSTEN FEHLTRITT SCHON DES KOSMOS TIEFER SCHLUND WINKT, BIETET ER SICH TROTZ ALLEM MIT KÜHNEM HERZEN ALS ZIELSCHEIBE ALL DER STRAHLERMÜNDUNGEN AN UND GEHT DEN SCHMALEN GRAT ZUM FEINDESSCHIFF HINÜBER."*
*AUS EINER ALTEN DICHTUNG DER URAK

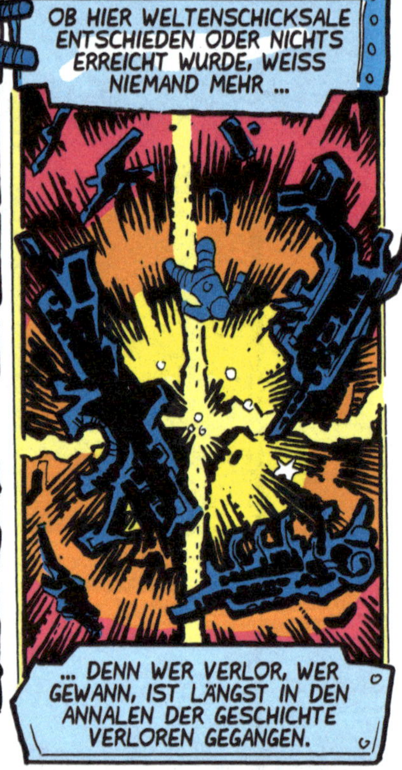
OB HIER WELTENSCHICKSALE ENTSCHIEDEN ODER NICHTS ERREICHT WURDE, WEISS NIEMAND MEHR ...
... DENN WER VERLOR, WER GEWANN, IST LÄNGST IN DEN ANNALEN DER GESCHICHTE VERLOREN GEGANGEN.

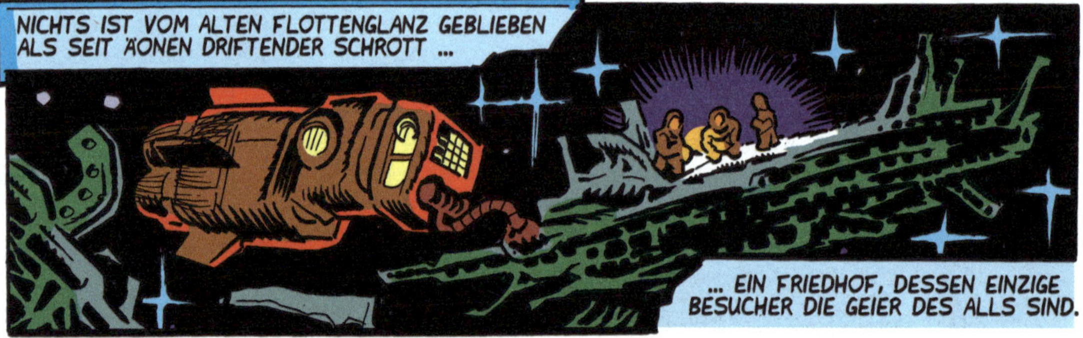
NICHTS IST VOM ALTEN FLOTTENGLANZ GEBLIEBEN ALS SEIT ÄONEN DRIFTENDER SCHROTT ...
... EIN FRIEDHOF, DESSEN EINZIGE BESUCHER DIE GEIER DES ALLS SIND.

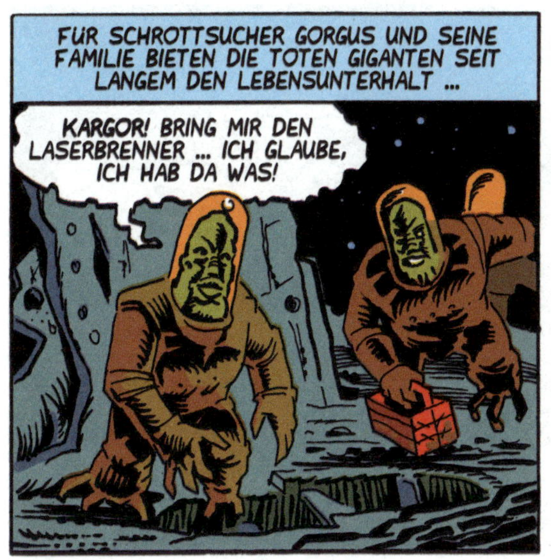
FÜR SCHROTTSUCHER GORGUS UND SEINE FAMILIE BIETEN DIE TOTEN GIGANTEN SEIT LANGEM DEN LEBENSUNTERHALT ...
KARGOR! BRING MIR DEN LASERBRENNER ... ICH GLAUBE, ICH HAB DA WAS!

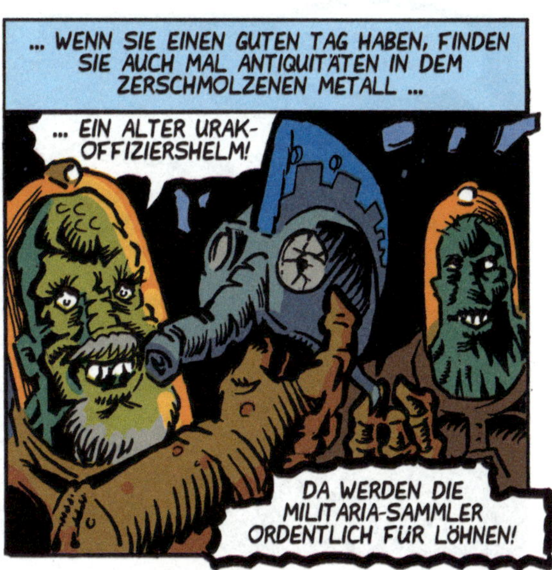
... WENN SIE EINEN GUTEN TAG HABEN, FINDEN SIE AUCH MAL ANTIQUITÄTEN IN DEM ZERSCHMOLZENEN METALL ...
... EIN ALTER URAK-OFFIZIERSHELM!
DA WERDEN DIE MILITARIA-SAMMLER ORDENTLICH FÜR LÖHNEN!

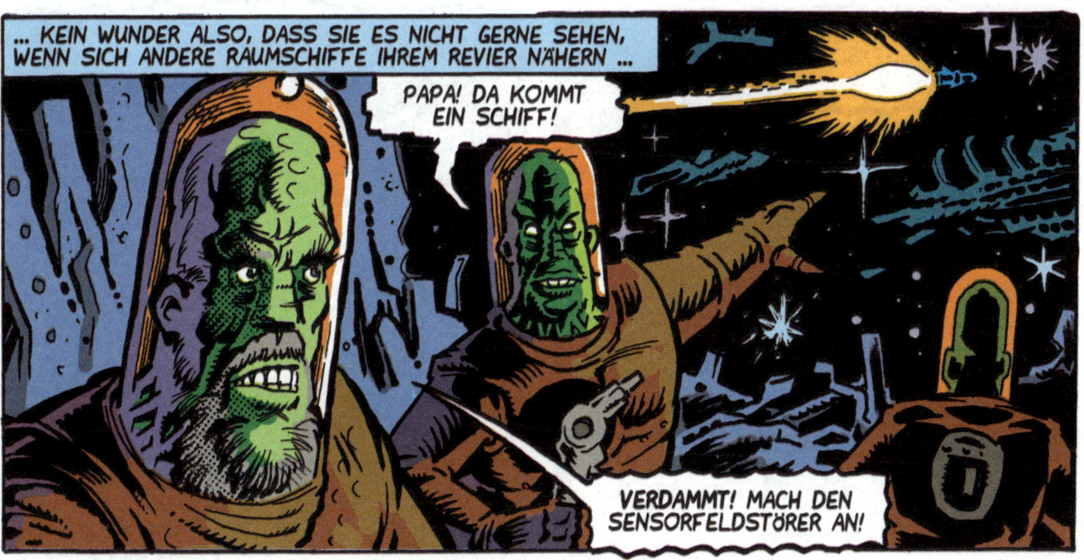
... KEIN WUNDER ALSO, DASS SIE ES NICHT GERNE SEHEN, WENN SICH ANDERE RAUMSCHIFFE IHREM REVIER NÄHERN ...
PAPA! DA KOMMT EIN SCHIFF!
VERDAMMT! MACH DEN SENSORFELDSTÖRER AN!

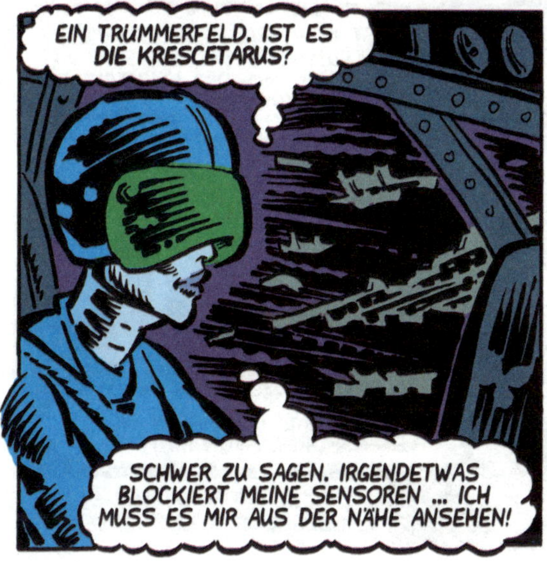
EIN TRÜMMERFELD. IST ES DIE KRESCETARUS?
SCHWER ZU SAGEN. IRGENDETWAS BLOCKIERT MEINE SENSOREN ... ICH MUSS ES MIR AUS DER NÄHE ANSEHEN!

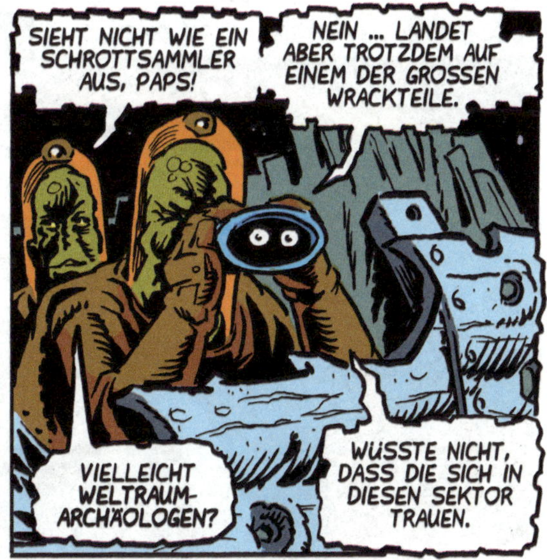
SIEHT NICHT WIE EIN SCHROTTSAMMLER AUS, PAPS!
NEIN ... LANDET ABER TROTZDEM AUF EINEM DER GROSSEN WRACKTEILE.
VIELLEICHT WELTRAUM-ARCHÄOLOGEN?
WUSSTE NICHT, DASS DIE SICH IN DIESEN SEKTOR TRAUEN.

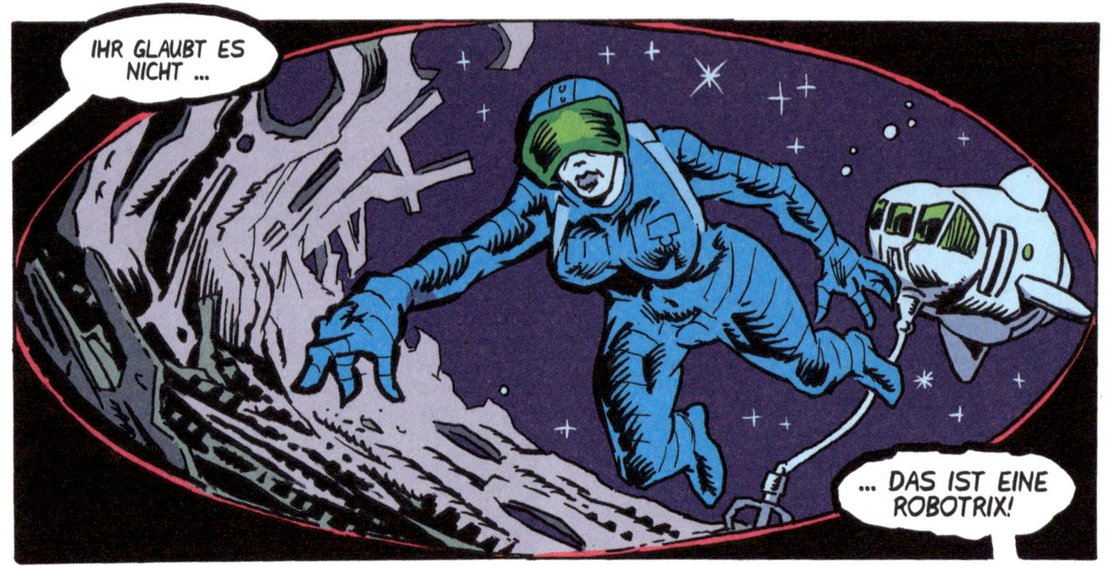
IHR GLAUBT ES NICHT ...
... DAS IST EINE ROBOTRIX!

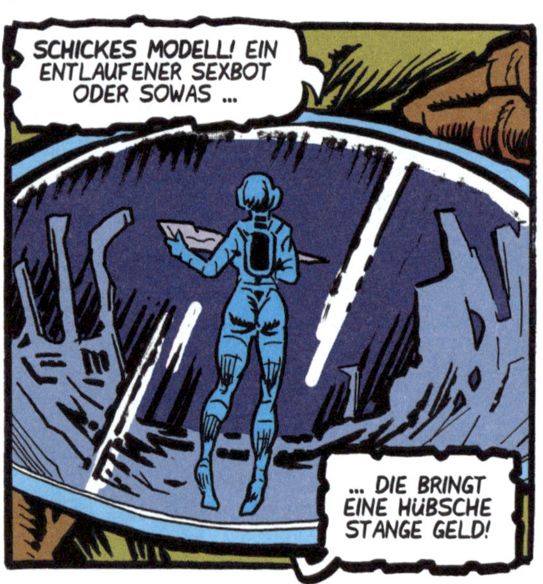
SCHICKES MODELL! EIN ENTLAUFENER SEXBOT ODER SOWAS ...
... DIE BRINGT EINE HÜBSCHE STANGE GELD!

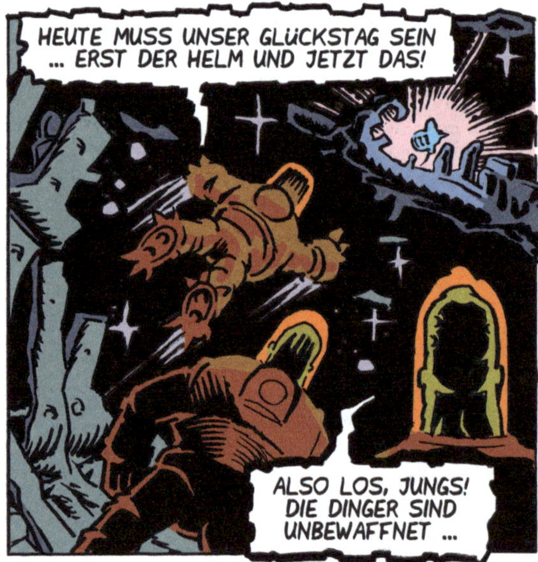
HEUTE MUSS UNSER GLÜCKSTAG SEIN ... ERST DER HELM UND JETZT DAS!
ALSO LOS, JUNGS! DIE DINGER SIND UNBEWAFFNET ...

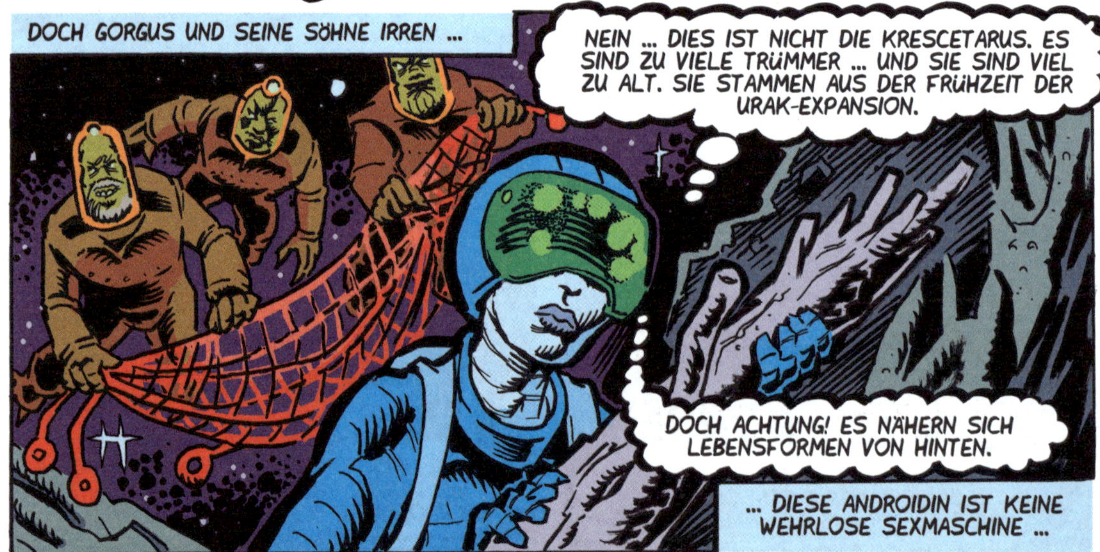
DOCH GORGUS UND SEINE SÖHNE IRREN ...
NEIN ... DIES IST NICHT DIE KRESCETARUS. ES SIND ZU VIELE TRÜMMER ... UND SIE SIND VIEL ZU ALT. SIE STAMMEN AUS DER FRÜHZEIT DER URAK-EXPANSION.
DOCH ACHTUNG! ES NÄHERN SICH LEBENSFORMEN VON HINTEN.
... DIESE ANDROIDIN IST KEINE WEHRLOSE SEXMASCHINE ...

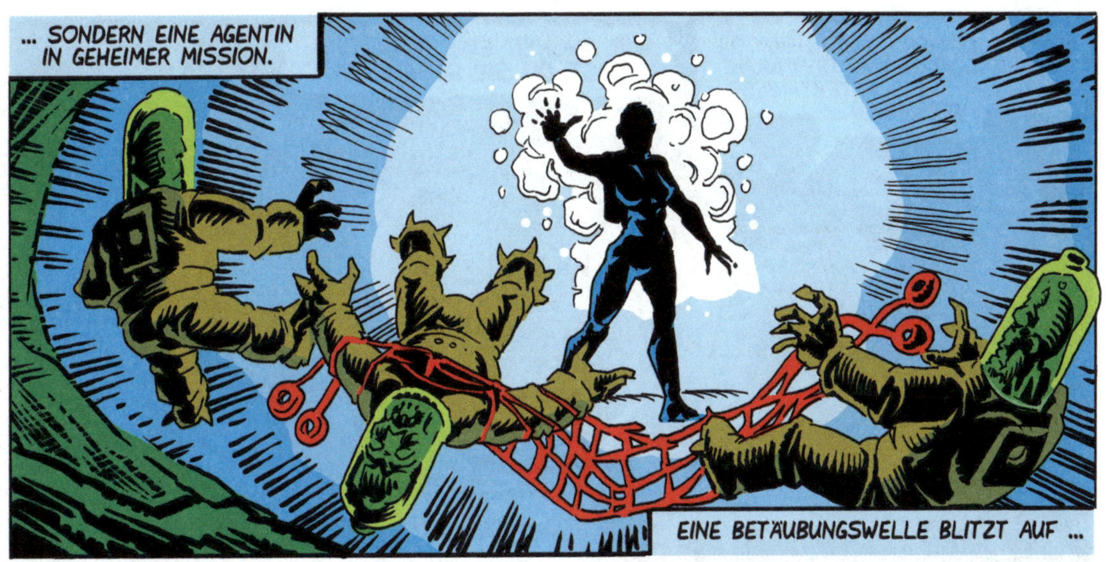
... SONDERN EINE AGENTIN IN GEHEIMER MISSION.
EINE BETÄUBUNGSWELLE BLITZT AUF ...

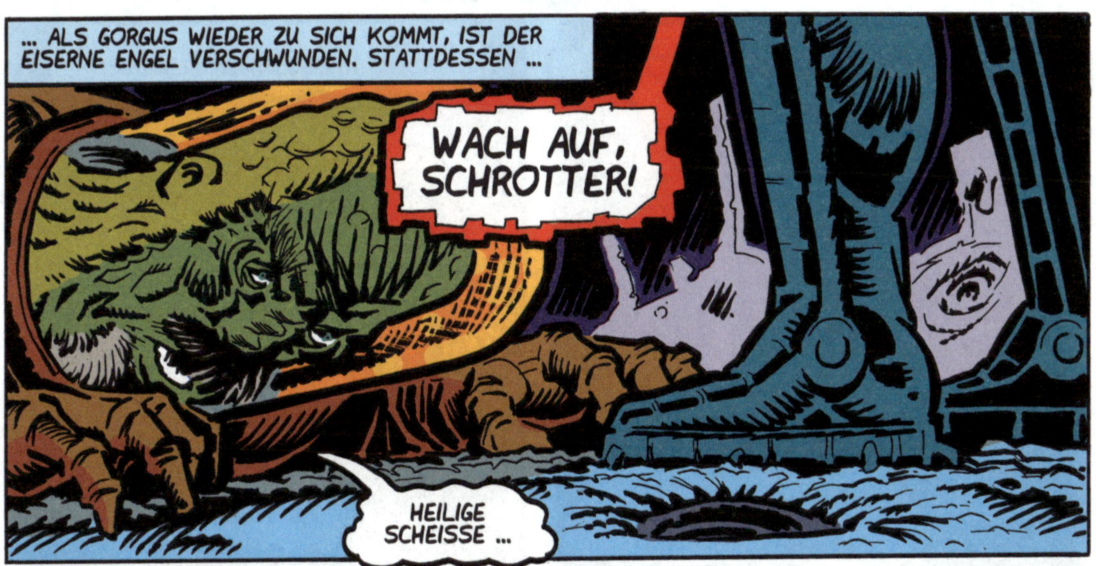
... ALS GORGUS WIEDER ZU SICH KOMMT, IST DER EISERNE ENGEL VERSCHWUNDEN. STATTDESSEN ...
WACH AUF, SCHROTTER!
HEILIGE SCHEISSE ...

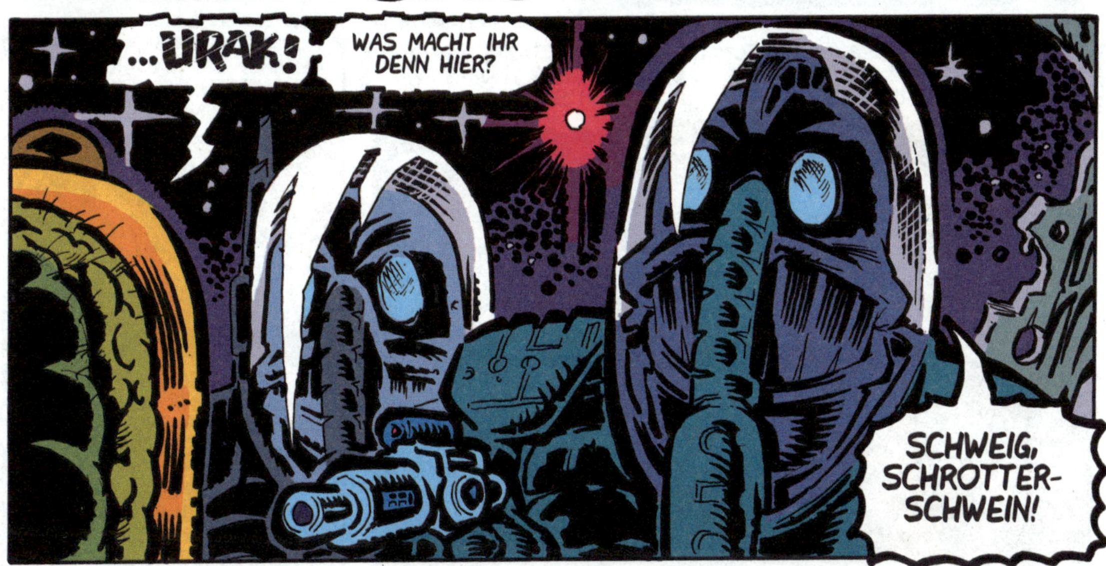
...URAK!
WAS MACHT IHR DENN HIER?
SCHWEIG, SCHROTTER-SCHWEIN!

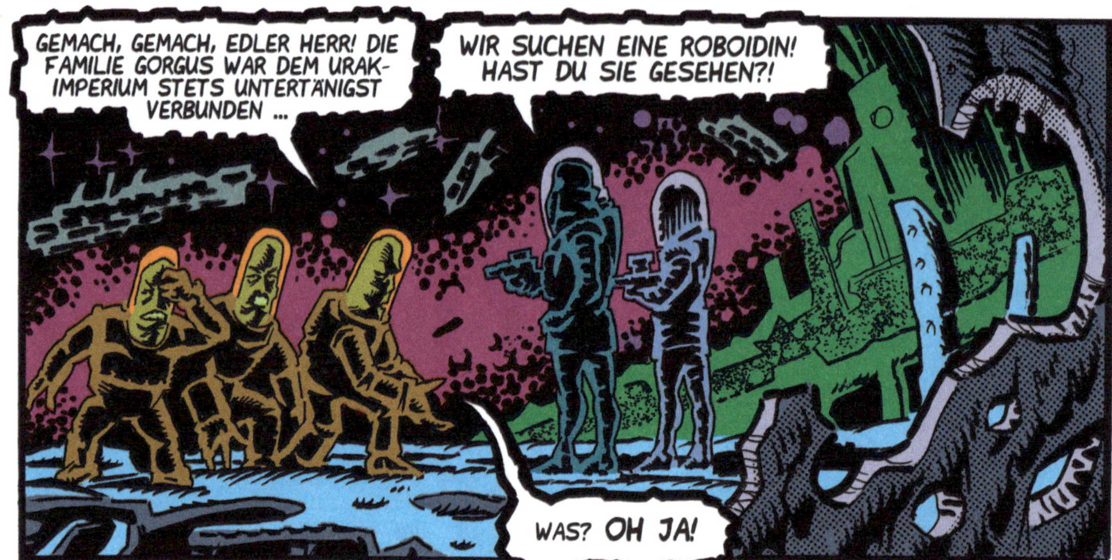

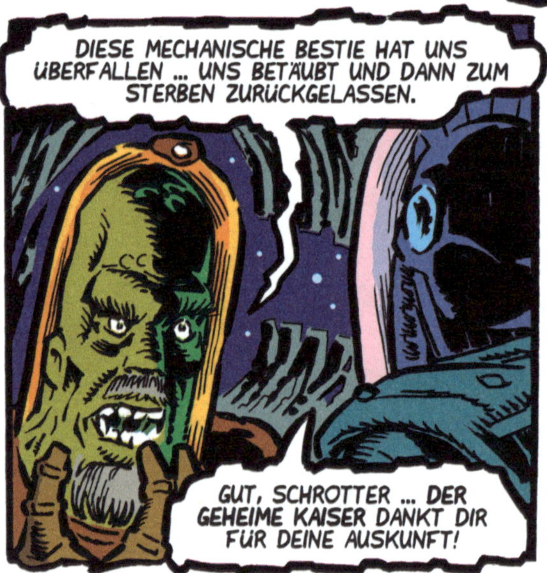

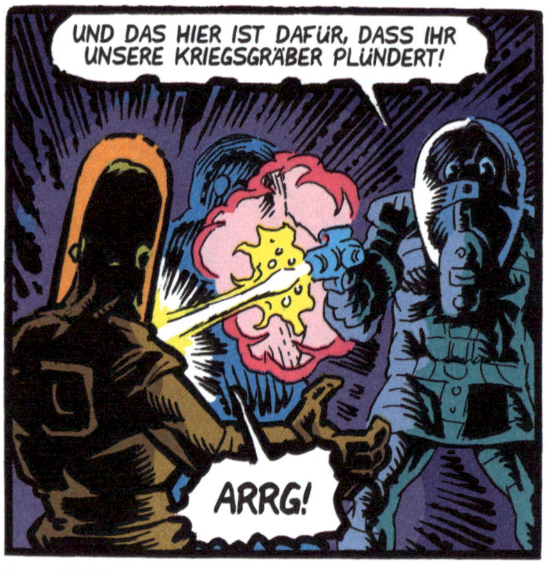

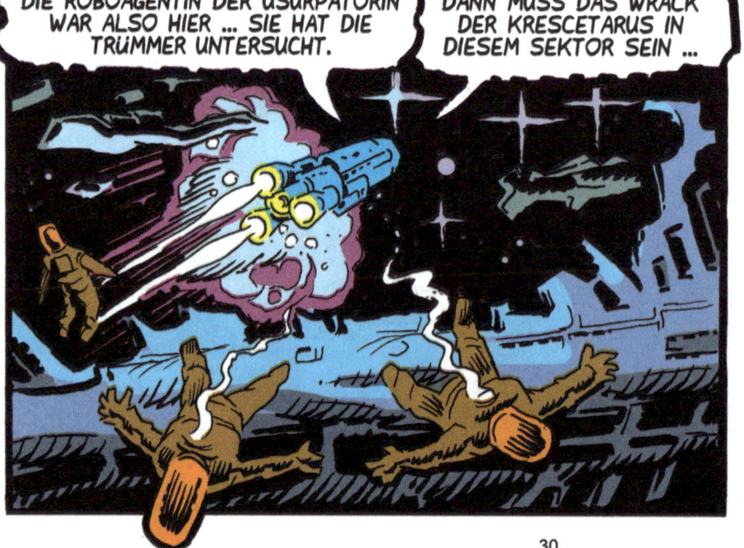

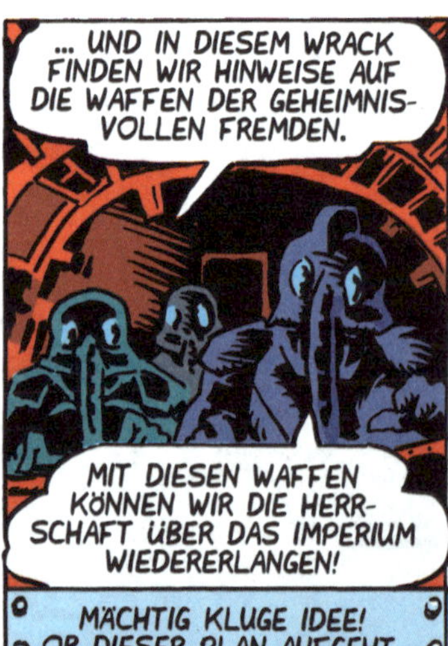

MÄCHTIG KLUGE IDEE! OB DIESER PLAN AUFGEHT, ERFAHRT IHR IN EINER DER NÄCHSTEN AUSGABEN VON

BELLA STAR

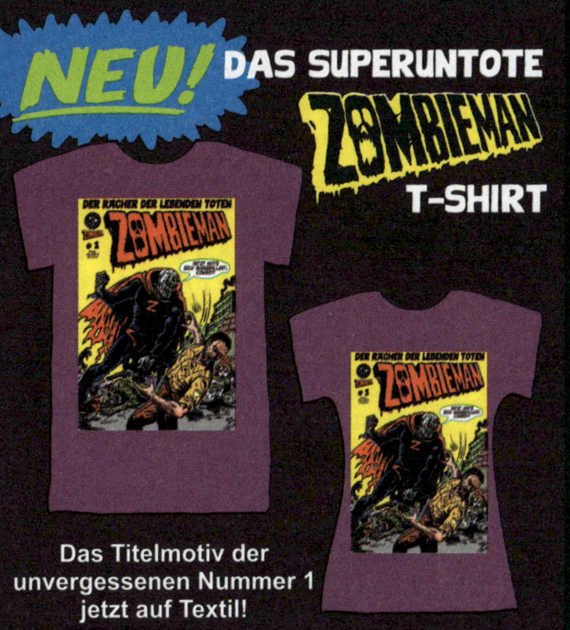

T-Shirt in kräftigem Burgunderrot mit rundem Halsausschnitt, Motiv als Textil-Direktdruck auf B&C Rundhals T-Shirt, 100% Baumwolle. Größen von S bis 3XL vorrätig, Ladyfit (tailliert) von S bis XL, Wunschgröße bitte unbedingt bei Bestellung angeben!

Jedes T-Shirt (größenunabhängig) nur 22,- .€!

Erhältlich mit dem Bestellschein auf Seite 34 oder direkt unter www.weissblechcomics.com!

Anzeige

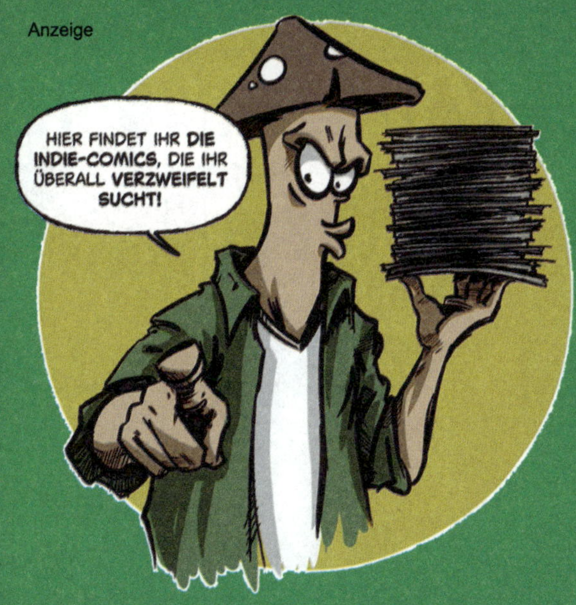

SHOP.FUNGUSCOMICS.COM

FUNGUS COMICS BIETET EIN WACHSENDES SORTIMENT AN SELFPUBLISHING TITELN UND CROWDFUNDING PROJEKTEN. ABSEITS DES MAINSTREAM IST HIER FÜR ALLE WAS DABEI.

HÖRT AUCH GERNE IN UNSEREN PODCAST REIN

"HAUSVERBOT IM COMICSHOP"

Jetzt in der 2. Auflage:

KALA

DIE URWELTAMAZONE # 3

Nach langem Hadern hat der Verleger sich erweichen lassen und bringt - quasi zum Selbstkostenpreis - die von vielen Sammlern geforderte Neuauflage von **KALA Die Urweltamazone # 3!**

Das Heft enthält die zwei ungemein temporeichen Urzeitkracher ***Die Schlucht der Menschenfresser*** und ***Jäger und Gejagte*** - und damit nun endlich die Möglichkeit, die komplette bisherige Kala-Saga an einem Stück zu lesen (sofern man die anderen Hefte der Reihe ebenfalls erworben hat).

KALA Die Urweltamazone # 3
(2. Auflage)
52 Seiten in Farbe, Heftformat, Preis 7,80 € (D)
ISBN: 978-3-86959-065-3

Erhältlich im Buch- und Comicfachhandel, mit dem Bestellschein auf Seite 34 oder direkt unter

www.weissblechcomics.com!

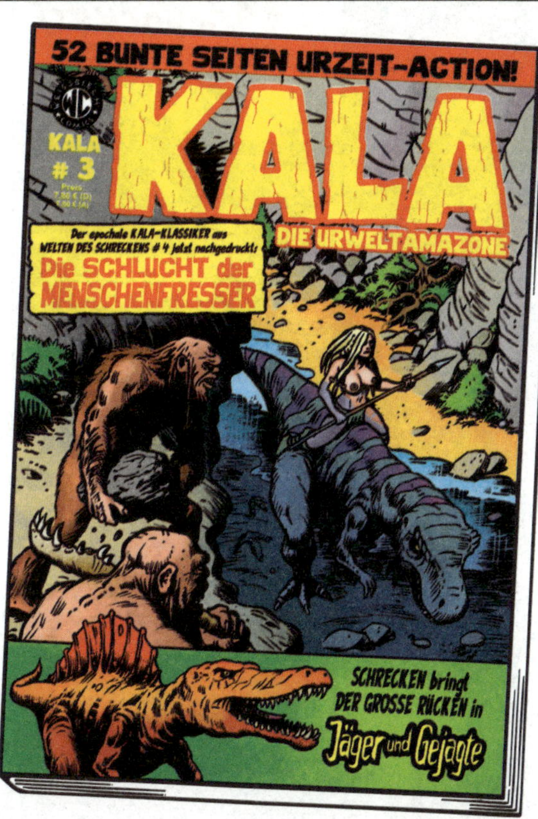

AKTUELL BEI WEISSBLECH COMICS:

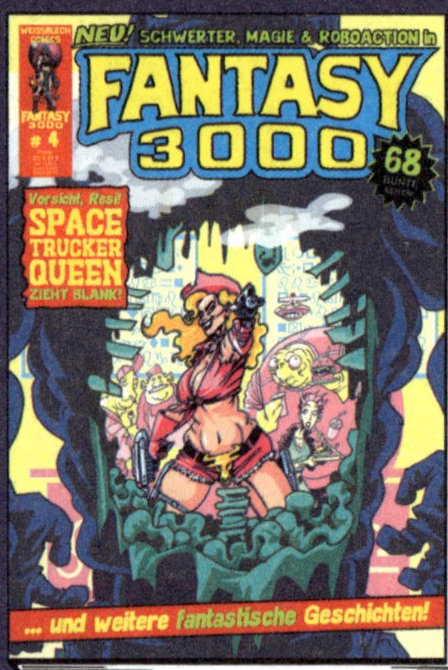

FANTASY 3000 # 4
jetzt im Handel.**

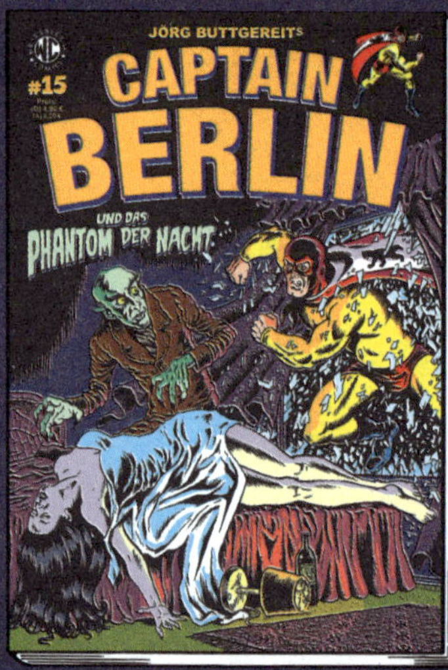

CAPTAIN BERLIN #15
jetzt im Handel.**

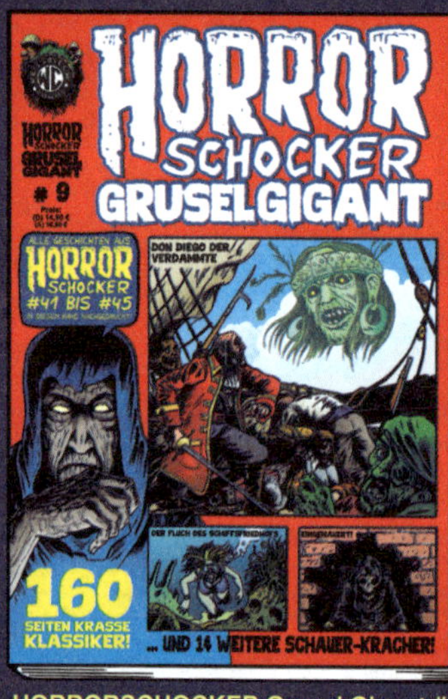

HORRORSCHOCKER Grusel Gigant # 9
erscheint im November 2024.*

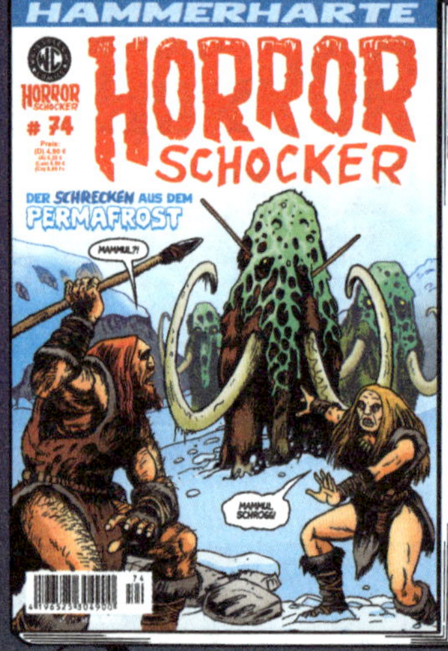

HORRORSCHOCKER #74
erscheint im November 2024.**

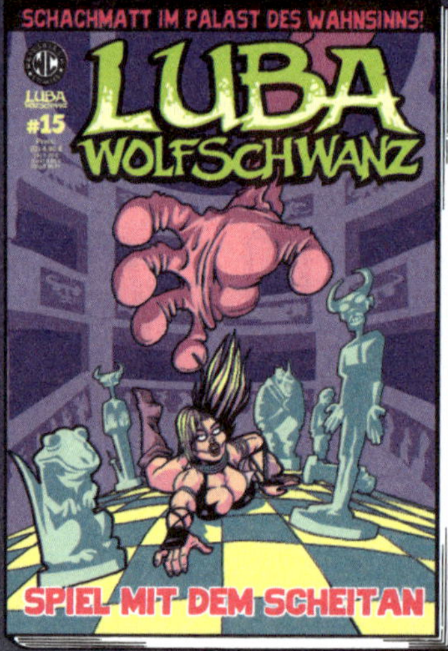

LUBA WOLFSCHWANZ #15
erscheint im November 2024.*

Mehr Infos unter www.weissblechcomics.com

*Erhältlich im Comicfach- und Bahnhofsbuchhandel!
**Jetzt auch im gut sortierten Zeitschriftenhandel.

Das WEISSBLECH-Hefte-ABO

Die nächsten 12 WEISSBLECH-Hefte für 60,- €, unabhängig vom Preis der einzelnen Ausgaben.

Damit sind sämtliche **Hefte** aus unserem Programm gemeint - also die erscheinenden Nummern der Serien:

BELLA STAR ● CAPTAIN BERLIN ● HORRORSCHOCKER ● FANTASY 3000 ● KALA Die Urweltamazone ● LUBA WOLFSCHWANZ ● WEISSBLECH Comics Magazin ● WEISSBLECH Comics Sonderheft ZOMBIE TERROR ● ZOMBIEMAN

- sowie etwaiger neuer Heftserien!

Nicht enthalten sind Alben, Paperbacks, Nachdruckbände und Publikationen Ab 18.

Das Abo startet mit der nächsten erscheinenden Nummer, also NICHT mit den aktuell erhältlich neuesten Ausgaben. Diese bitte separat bestellen!

Nach Möglichkeit erfolgt der Versand gesammelt zu den jeweiligen Quartalsproduktionen, bei Titeln, die außer der Reihe erscheinen, erfolgt er einzeln.

Übrigens: Unsere Abos verlängern sich NICHT automatisch! Nach Ablauf bitte neu abonnieren - mit der letzten Ausgabe kommt eine entsprechende Benachrichtigung. Wir bitten um Verständnis, dass wir unsere Abos aus portotechnischen Gründen nur innerhalb Deutschlands anbieten können!
Bei Umzug und Adressänderung teilt uns die neue Adresse bitte direkt mit (kurio@weissblechcomics.com), nur den Shopaccount ändern reicht leider nicht!

WIR BITTEN UM VERSTÄNDNIS, DASS DIESES ABOANGEBOT NUR INNERHALB DEUTSCHLANDS GILT!

Ich abonniere ...

☐ **HURRA! Endlich! Schickt mir wie beschrieben die nächsten 12 Heft-Ausgaben von WEISSBLECH Comics zum Preis von insgesamt 60,- €!**

☐ **Ich will HORRORSCHOCKER! Schickt mir die nächsten 8 Ausgaben ab inkl. der Nummer ___ zum Preis von 40,- €!**

Ich bezahle ...

☐ **... indem das Geld in bar oder als V-Scheck beiliegt (bei ungeraden Beträgen kann ich auch Briefmarken nehmen- aber bitte keine Münzen!)**

☐ **... indem ich den Betrag von ____ € im Voraus auf folgendes Konto überweise:** Ktoinhaber: **Levin Kurio Verlag**
IBAN-Nummer: **DE58 210 501 701 000 694 669** BIC-/SWIFT-Code: NOLADE21KIE

☐ **... indem ich den Betrag von ____ € per SEPA-Expresslastschrift von meinem Bankkonto einziehen lasse. Dazu fülle ich das nebenstehende SEPA-Lastschriftmandat komplett aus.**

Schickt die Hefte an:

Name:______________________________

Straße:______________________________

PLZ/Ort:______________________________

Datum/Unterschrift:______________________________

Levin Kurio Verlag • Hauptstraße 10 • 23744 Schönwalde OT Langenhagen
Gläubiger-ID: DE77ZZZ00000945885
Mandatsreferenz **WIRD SEPARAT MITGETEILT**

SEPA-Lastschriftmandat (Expresslastschrift)

Ich ermächtige Levin Kurio (Verlag und Vertrieb), einmalig eine Zahlung von meinem Konto mittels Lastschrift einzuziehen. Zugleich weise ich mein Kreditinstitut an, die von Levin Kurio Verlag und Vertrieb auf mein Konto gezogene Lastschrift einzulösen.
Hinweis: Ich kann innerhalb von acht Wochen, beginnend mit dem Belastungsdatum, die Erstattung des belasteten Betrages verlangen. Es gelten dabei die mit meinem Kreditinstitut vereinbarten Bedingungen.

Name und Vorname Besteller (=Kontoinhaber)

Straße und Hausnummer

PLZ und Ort

(Kontoinhaber, wenn von Besteller abweicht):

Straße und Hausnummer:

PLZ und Ort:

Land

Kreditinstitut (Name und BIC)

DE __ | ____ | ____ | ____ | ____ | __
IBAN

Datum, Ort und Unterschrift

Schicke diesen Coupon ausgefüllt und gegebenenfalls mit dem Gesamtbetrag als V-Scheck, in Briefmarken oder in bar an:
WEISSBLECH COMICS • Levin Kurio Verlag • Hauptstr. 10 • 23744 Schönwalde OT Langenhagen

BESTELLSCHEIN:

BELLA STAR
Neue Serie, jeweils 36 Seiten in Farbe, Heftformat
__ **Stck BS # 1 zu je 4,90 €**
__ **Stck BS # 2 zu je 4,90 €**
__ **Stck BS # 3 zu je 4,90 €**
__ **Stck BS # 4 zu je 4,90 €**

CAPTAIN BERLIN
Superheldenserie nach Jörg Buttgereit, 36 Seiten in Farbe, Heftformat
__ **Stck CB #10 zu je 4,90 €**
__ **Stck CB #11 zu je 4,90 €**
__ **Stck CB #13 zu je 4,90 €**
__ **Stck CB #14 zu je 4,90 €**
__ **Stck CB #15 zu je 4,90 €**

CAPTAIN BERLIN SUPERSAMMELBAND
Jeweils min. 132 Seiten in Farbe, Paperback im Heftformat
__**Stck CAPTAIN BERLIN Supersammelband # 1** (enthält CB # 1-4) **zu je 14,90 €³**
__**Stck CAPTAIN BERLIN Supersammelband # 2** (enthält CB # 5-8) **zu je 14,90 €**

FANTASY 3000
Jeweils min. 52 Seiten voll in Farbe, DIN A 4 Magazin
__**STCK FANTASY 3000 # 1 zu je 7,80 €**
__**STCK FANTASY 3000 # 2 zu je 7,80 €**
__**STCK FANTASY 3000 # 3** (84 Seiten!) **zu je 9,80 €**
__**STCK FANTASY 3000 # 4** (68 Seiten!) **zu je 9,80 €**

HORRORSCHOCKER
Jeweils min. 32 Seiten in Farbe, Heftformat
__ **Stck HS #13 zu je 4,90 €²**
__ **Stck HS #48 zu je 3,90 €**
__ **Stck HS #52 zu je 3,90 €**
__ **Stck HS #54 zu je 3,90 €**
__ **Stck HS #55 zu je 3,90 €**
__ **Stck HS #56 zu je 3,90 €**
__ **Stck HS #58 zu je 3,90 €**
__ **Stck HS #59 zu je 3,90 €**
__ **Stck HS #61 zu je 3,90 €**
__ **Stck HS #63 zu je 3,90 €**
__ **Stck HS #64 zu je 3,90 €**
__ **Stck HS #65 zu je 3,90 €**
__ **Stck HS #66 zu je 4,90 €**
__ **Stck HS #67 zu je 4,90 €**
__ **Stck HS #68 zu je 4,90 €**
__ **Stck HS #69 zu je 4,90 €**
__ **Stck HS #70 zu je 4,90 €**
__ **Stck HS #71 zu je 4,90 €**
__ **Stck HS #72** (68 Seiten!) **zu je 7,80 €**
__ **Stck HS #73 zu je 4,90 €**
__ **Stck HS #74 zu je 4,90 €**

HORRORSCHOCKER GRUSEL GIGANT
Jeweils min. 148 Seiten in Farbe, Paperback im Heftformat
__ **Stck HS Grusel Gigant # 1** (das Beste aus HS # 1-5) **zu je 14,90 €²**
__ **Stck HS Grusel Gigant # 2** (enthält HS # 6-10) **zu je 14,90 €²**
__ **Stck HS Grusel Gigant # 3** (enthält HS #11-15) **zu je 14,90 €²**
__ **Stck HS Grusel Gigant # 4** (enthält HS #16-20) **zu je 14,90 €²**
__ **Stck HS Grusel Gigant # 5** (enthält HS #21-25) **zu je 14,90 €**
__ **Stck HS Grusel Gigant # 6** (enthält HS #26-30) **zu je 14,90 €**
__ **Stck HS Grusel Gigant # 7** (enthält HS #31-35) **zu je 14,90 €**
__ **Stck HS Grusel Gigant # 8** (enthält HS #36-40) **zu je 14,90 €**
__ **Stck HS Grusel Gigant # 9** (enthält HS #41-45) **zu je 14,90 €**

KALA DIE URWELTAMAZONE
Nachdrucke aus WdS etc, jeweils min. 52 Seiten in Farbe, Heftformat
__**Stck KALA # 1 zu je 7,80 €²**
__**Stck KALA # 2 zu je 7,80 €²**
__**Stck KALA # 3 zu je 7,80 €²**
__**Stck KALA # 4 zu je 7,80 €**
__**Stck KALA # 5 zu je 7,80 €**
__**Stck KALA # 6 zu je 7,80 €**

LUBA WOLFSCHWANZ
Jeweils min. 36 Seiten in Farbe, Heftformat
__**Stck LUBA # 1 zu je 4,90 €**
__**Stck LUBA # 2 zu je 4,90 €**
__**Stck LUBA # 3 zu je 4,90 €**
__**Stck LUBA # 4 zu je 4,90 €**
__**Stck LUBA # 5 zu je 4,90 €**
__**Stck LUBA # 6 zu je 4,90 €**
__**Stck LUBA # 7 zu je 4,90 €**
__**Stck LUBA # 8 zu je 4,90 €**
__**Stck LUBA # 9 zu je 4,90 €**
__**Stck LUBA #10 zu je 4,90 €**
__**Stck LUBA #11 zu je 4,90 €**
__**Stck LUBA #12 zu je 4,90 €**
__**Stck LUBA #13 zu je 4,90 €**
__**Stck LUBA #14 zu je 4,90 €**
__**Stck LUBA #15 zu je 4,90 €**

WEISSBLECH COMICS MAGAZIN
Jeweils 52 Seiten voll in Farbe, DIN A 4 Magazin
__**STCK WCM # 2 "Halloween Horror" zu je 7,80 €**

WEISSBLECH SONDERHEFT
Jeweils min. 36 Seiten in Farbe, Heftformat
__**STCK WS # 5 "Zombie Terror" zu je 4,90 €**
__**STCK WS # 6 "Zombie Terror" zu je 4,90 €**
__**STCK WS # 7 "Zombie Terror" zu je 4,90 €**
__**STCK WS # 8 "Zombie Terror" zu je 4,90 €**
__**STCK WS # 9 "Zombie Terror" zu je 4,90 €**
__**STCK WS #10 "Zombie Terror" zu je 4,90 €**

WEISSBLECH COMICS SUPERBAND
Jeweils min. 116 Seiten in Farbe, Paperback im Heftformat
__ **Stck WSB # 1 "Zombie Terror 1"** (enthält WS # 1-2 Zombie Terror) **zu je 14,90 €**

ZOMBIEMAN
Jeweils 36 Seiten in Farbe, Heftformat
__**Stck ZM # 2 zu je 4,90 €**
__**Stck ZM # 3 zu je 4,90 €**
__**Stck ZM # 4 zu je 4,90 €**
__**Stck ZM # 5 zu je 4,90 €**
__**Stck ZM # 6 zu je 4,90 €**
__**Stck ZM # 7 zu je 4,90 €**

WEITERE HEFTE UND BÜCHER:
__**Stck DORIS DAYDREAM # 1** (52 S., Farbe, DIN A 4 Album) **zu je 10,- €³**
__**Stck DORIS DAYDREAM # 2** (52 S., Farbe, DIN A 4 Album) **zu je 10,- €²**
__**Stck DORIS DAYDREAM # 3** (52 S., Farbe, DIN A 4 Album) **zu je 10,- €**
__**Stck HAMBURG 1686** (80 S., SW, Hardcover) **zu je 15,90 €**
__**Stck Tales of THE OTHER # 1** (Der Comic zur Band, 36 S., Farbe, Heftformat) **zu je 6,66 €**
__**Stck WELTEN des SCHRECKENS #10** (68 Seiten, Farbe, Prestige im Heftformat) **zu je 7,80 €**
__**Stck ZOMBIES HINTERM DEICH** (96 S., Farbe, Hardcover) **zu je 15,90 €**

AUSSERDEM IM ANGEBOT:
__ **Stck T- Shirt CAPTAIN BERLIN** (Größe ____ O Damen oder O Herren) **zu je 22,- €**
__ **Stck T- Shirt ZOMBIE TERROR** (Größe ____ O Damen oder O Herren) **zu je 22,- €**
__ **Stck T- Shirt ZOMBIEMAN # 1 Cover** (Größe ____ O Damen oder O Herren) **zu je 22,- €**
__ **Stck Hörspiel-CD "Captain Berlin und die wirklich wahre Geschichte vom Mauerfall" zu je 11,90 €**
__ **Stck Hörspiel-CD "Captain Berlin vs. Dracula" zu je 15,- €**
__ **Stck DVD "Captain Berlin versus Hitler" zu je 22,- €**

__**Abo "Horrorschocker".** Ab der Nummer _____ 8 Ausgaben "Horrorschocker" **für insgesamt 40,- €**
Wunschheft (Nur für Neuabonnenten):____________**

__**Abo "WEISSBLECH Hefte".** Ab der nächsten erscheinenden Nummer die nächsten 12 Ausgaben aller WEISSBLECH-Heftserien und Magazine (BS, CB, FA, HS, Kala, Luba, Zombie Terror, Zombieman, WCM sowie etwaige neue Serien. Keine Alben, Paperbacks oder Ab18-Titel!) **für insgesamt 60,- €.****

*)Besteller außerhalb Deutschlands addieren bitte 5,- € für Porto und Verpackung dazu!
**)Wir bitten um Verständnis, dass wir leider keine Abos im Ausland anbieten können!
² = 2. Auflage; ³ = 3. oder höhere Auflage
Alle Artikel nur solange der Vorrat reicht!

Ich bezahle ...

☐ **indem ich den Betrag von ____ € im Voraus auf das Konto mit der IBAN-Nummer: DE58 210 501 701 000 694 669 bei der Förde Sparkasse (BIC-/SWIFT-Code: NOLADE21KIE) Kontoinhaber Levin Kurio Verlag überweise!**

☐ **... indem das Geld in bar oder als V-Scheck beiliegt (bei ungeraden Beträgen kann ich auch Briefmarken nehmen - aber bitte keine Münzen!)**

Die Lieferung ist portofrei!!* Schickt sie an:

Name:______________________________

Straße:______________________________

PLZ/Ort:______________________________

Datum/Unterschrift:______________________________

☐ **Jawolla,**
ich interessiere mich auch für die Erwachsenencomics aus dem WEISSBLECH-Comics Programm! Bitte schickt mir die kostenlose und unverbindliche Erwachsenen-Liste! Mein Altersnachweis (es wird die Kopie von Ausweis oder Führerschein akzeptiert - Versand nur an die auf dem Dokument angegebene Adresse) liegt bei!

Schicke diesen Coupon ausgefüllt mit dem Gesamtbetrag als V-Scheck, in Briefmarken oder in bar an:
WEISSBLECH COMICS • Levin Kurio Verlag • Hauptstr. 10 • 23744 Schönwalde OT Langenhagen

MEHR TITEL IN UNSERER LISTE FÜR ERWACHSENE! Du erhältst diese nach Erbringung eines Altersnachweises. Mehr Infos siehe unten!

Dieser Bestellschein lässt sich ausschneiden, kopieren oder formlos wiedergeben!

JETZT AUCH FAXEN: 04528 9134931